atitude EMPREENDEDORA
descubra com Alice seu País das Maravilhas

Administração Regional do Senac no Estado de São Paulo
Presidente do Conselho Regional: Abram Szajman
Diretor do Departamento Regional: Luiz Francisco de A. Salgado
Superintendente Universitário e de Desenvolvimento: Luiz Carlos Dourado

Editora Senac São Paulo

Conselho Editorial: Luiz Francisco de A. Salgado
Luiz Carlos Dourado
Darcio Sayad Maia
Lucila Mara Sbrana Sciotti
Luís Américo Tousi Botelho

Gerente/Publisher: Luís Américo Tousi Botelho
Coordenação Editorial/Prospecção: Dolores Crisci Manzano e Ricardo Diana
Administrativo: grupoedsadministrativo@sp.senac.br
Comercial: comercial@editorasenacsp.com.br

Edição de Texto: Maísa Kawata
Preparação de Texto: Iara Arakaki
Revisão de Texto: Gabriela Lopes Adami (Coord.), ASA Assessoria e Comunicação,
   Mariana B. Garcia, Karinna A. C. Taddeo
Ilustrações: John Tenniel, Ciro Araújo (pp. 129, 227, 232)
Projeto Gráfico e Capa: Antonio Carlos De Angelis
Impressão e Acabamento: Gráfica CS

Proibida a reprodução sem autorização expressa.
Todos os direitos desta edição reservados à
Editora Senac São Paulo
Rua 24 de Maio, 208 – 3º andar – Centro – CEP 01041-000
Caixa Postal 1120 – CEP 01032-970 – São Paulo – SP
Tel. (11) 2187-4450 – Fax (11) 2187-4486
E-mail: editora@sp.senac.br
Home page: http://www.livrariasenac.com.br

© Editora Senac São Paulo, 2014

Dados Internacionais de Catalogação na Publicação (CIP)
(Jeane Passos de Souza – CRB 8ª/6189)

Sampaio, Mara
   Atitude empreendedora: descubra com Alice seu País das Maravilhas / Mara Sampaio. – São Paulo : Editora Senac São Paulo, 2017.

   Bibliografia
   ISBN 978-85-396-0825-6 (Somente Livro)
   ISBN 978-85-396-1210-9 (Inclui Jogo)

   1. Empreendedorismo 2. Gestão empreendedora : Sucesso I. Título.

14-269s
CDD-658.42
BISAC BUS025000

Índice para catálogo sistemático:
1. Empreendedorismo   658.42

atitude EMPREENDEDORA
descubra com Alice seu País das Maravilhas

MARA SAMPAIO

Editora Senac São Paulo – São Paulo – 2017

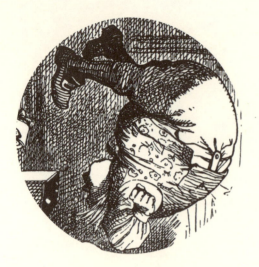

SUMÁRIO

Nota do editor 7

Prefácio, de Sônia Hess 9

Apresentação 14
- Alice e um roteiro para a atitude empreendedora 15
- Sonho: do reino da fantasia ao mundo real 16
- A diferença entre sucesso e fracasso 17
- Com a ajuda de Alice 18
- Além da sorte e da magia 20
- Coragem para seguir o Coelho Branco 21
- Uma viagem fantástica 24

PRIMEIRA PARTE. Contexto social 29
- Alice e o País das Maravilhas: atitude empreendedora 31
- A cor das lentes de seus óculos é uma escolha 35
- Quem vê o Coelho Branco? 37
- Querer e fazer 40
- Beba-me, coma-me: como alinhar minha atitude 41
- A atitude empreendedora: hoje é dia, sim! 43
- Quem é você? Um cacho de papéis sociais 44
- Papel profissional e empreendedor 47
- Empreendedor é um papel? 48
- Cultura empreendedora 51
- Brasil distante do País das Maravilhas 52
- O empreendedorismo 57
- Tipos de empreendedores 58
- Classificação dos empreendedores clássicos 67
- O bilhete para a viagem empreendedora com Alice 71

SEGUNDA PARTE. Dimensão técnica 81
- Alice e a Lagarta Azul: Quem é você? 83
- Identidade pessoal 85
- A hora de se ver através do espelho 87
- Autoconhecimento 88
- Autoimagem 90
- Autoestima 92
- Autoconfiança 94

- Conselhos de uma lagarta: faça seu marketing pessoal   97
- Você como uma empresa   98
- Você como sua própria marca   99
- Tudo esquisito: mudanças pessoais   101
- Tipos de mudanças   104
- Lago de lágrimas: resiliência   105
- Quem sabe faz e ganha prêmio: talento   111
- Valores e crenças   117
- Quem roubou as tortas? Dilemas e tomada de decisão   121
- Pimenta, camomila ou bombons: emoções   125
- O corpo fala: as expressões faciais   129
- Inteligência emocional   130
- Consciência emocional   130
- A culpa é de quem? Lócus de controle   133
- Chave de ouro que abre portas: competência profissional   139
- Competência empreendedora   141

TERCEIRA PARTE. Dimensão estratégica   157
- Alice e o Chapeleiro Maluco: aqui somos todos loucos   159
- Seis coisas "impossíveis"   161
- Sonho   161
- Paixão   164
- Visão   170
- Intuição   175
- Criatividade   177
- Legado   194

QUARTA PARTE. Dimensão pragmática   197
- Alice e o Gato de Cheshire: Aonde você quer chegar?   199
- De que tamanho você quer ser?   200
- A necessidade vital de empreender   203
- A oportunidade e a toca do coelho   207
- Quando uma ideia é uma oportunidade   209
- O produto e o cliente   213
- Metas: Aonde você quer chegar?   217
- Objetivos bem-formulados   219
- Planejar é preciso, mas pode ser torto   223
- Mapa mental e canvas   226
- Alice é amiga do Gato que pertence à Duquesa e... Rede de relações   235
- Conexão entre nós   236
- Rede sociométrica: os nós entre nós   240
- As redes profissionais   244
- Cortem-lhe a cabeça! Convencer ou persuadir para influenciar   249
- Quem foi que sonhou? A decisão de ser empreendedor   255
- Os três papéis: uma assembleia de "eus"   257
- Que jogo é este? Ética e empreendedorismo   261
- Coelho Branco com Chapeleiro Maluco: os dois lados do tempo   265

Dias felizes de verão: para concluir   271

Bibliografia   277

NOTA DO EDITOR

O sucesso de um empreendimento não é garantido apenas pela vontade de ser seu próprio gestor. Se empreender fosse fácil, não haveria um índice tão alto de empresas fechadas em seus primeiros anos de vida (segundo o Sebrae, 50% das empresas abertas fecham em até dois anos de existência).

É preciso saber alinhar sonhos, intuição e criatividade a planejamentos, obstáculos e atitudes. É necessário estar muito bem preparado, saber como se comportar em diversas situações e reconhecer uma oportunidade. **Atitude empreendedora: descubra com Alice seu País das Maravilhas** mostra que saber agir da forma adequada e no momento certo pode ser a chave do sucesso de sua vida profissional em um mercado cada vez mais exigente.

Com este título, o Senac São Paulo apresenta conceitos que envolvem a atitude empreendedora de forma lúdica e didática, conscientizando o leitor sobre a importância do tema para o desenvolvimento de sua carreira.

PREFÁCIO

Convidada para escrever o prefácio do livro **Atitude empreendedora: descubra com Alice seu País das Maravilhas**, de Mara Sampaio, confesso que, mesmo honrada, avaliei a dificuldade da missão antes de aceitá-la. No final, resolvi tratar o assunto da mesma forma com que encarei outros desafios ao longo de minha vida e de minha carreira: transformei a dificuldade em oportunidade. E, ao pensar sobre o livro, me dei conta de que as atitudes empreendedoras sempre fizeram parte de meu repertório e colaboraram para que minha vida, de certa forma, se refletisse neste livro. A autora toma como base a fábula *Alice no País das Maravilhas*, escrita pelo inglês Lewis Carroll e publicada pela primeira vez em 1865, para falar das atitudes que nos levam a enfrentar os grandes desafios e a empreender. A história original começa quando a menina decide agir e passa a seguir o Coelho Branco — atitude que abre para ela um mundo fantástico de descobertas e realizações. Nesse e em diversos outros momentos, foi inevitável fazer a comparação da trajetória de

Alice com a minha própria história, que teve início na cidade de Luís Alves, no interior de Santa Catarina, até chegar ao lugar em que cheguei: o de presidente da Dudalina, empresa fundada por meus pais, Adelina e Duda, 57 anos atrás.

Fui abençoada por nascer e crescer em uma família numerosa, filha de um casal que, além do amor que sentiam um pelo outro, decidiu empreender. O exemplo dos dois influenciou todos nós, mas, com toda certeza, minha maior fonte de inspiração de atitude empreendedora foi minha mãe. Dona Adelina me legou um grande exemplo de amor à vida e de paixão pelo trabalho. Sempre à frente do seu tempo, ela foi, sim, uma grande *empreendedora de vidas*. Ela foi uma mulher especial, disciplinada e determinada. Com o mesmo talento com que administrou os negócios, gerou, criou, deu amor e formou seus dezesseis filhos. Acredito que, como a menina Alice, ela também viu o Coelho Branco e teve coragem de segui-lo para descobrir o que havia do outro lado da porta. Uma história de vida que poderia ter sido mais um drama do ambiente rural brasileiro foi o prelúdio de uma trajetória de grande sucesso pessoal e empresarial.

Foi aí que meu próprio caminho começou. Em minhas veias, corre o sangue de Adelina, que soube descobrir quem ela era e reconhecer o que era capaz de fazer diferente; e foi exatamente isso que ela fez em seu próprio país das maravilhas.

Ainda criança, senti a energia motivadora de aprender a vender produtos, conhecer pessoas e cuidar dos irmãos menores de uma forma lúdica. Mais tarde, mudamos de cidade. Estudei em um bom colégio, enfrentei e venci preconceitos e passei a trabalhar na loja de nossa família. Em 1974, surgiu uma oportunidade de sair do Brasil para fazer uma especialização em confecção e qualidade em uma indústria na Espanha.

Foi um grande desafio. Precisei de coragem para enfrentar a mudança que me tirou do meu lugar comum e para fazer minhas próprias descobertas, como fez Alice. Eu era jovem e queria experimentar novas oportunidades. Se voltasse ao Brasil, queria ter competência para ocupar um cargo na empresa fundada por meus pais. Ou seja: assim como Alice, eu tinha para onde voltar, e isso, de certa forma, tornou-se um objetivo naquele momento. Contei com o apoio e carinho de minha família. Longe dela, passei a me

conhecer melhor, a focar em minhas metas. Mas o mundo, para mim, estava se expandindo. Em 1977, fui trabalhar em empresas fora do meu âmbito familiar, no interior de Minas Gerais. Queria me capacitar para o que estava por vir.

Em 1983, finalmente, aceitei o convite para voltar à empresa da família e administrar o escritório da Dudalina em São Paulo. Vinte anos depois, fui eleita pelo Conselho de Administração para o cargo de presidente da empresa. Recordar e resumir nesta apresentação a minha história pessoal tem como único objetivo mostrar que as lições de uma ficção, como a história de Alice, muitas vezes podem servir de exemplo para o mundo real. Nesses últimos anos, como mulher e profissional, vivi momentos maravilhosos, de realização. Também vivi momentos difíceis, como Alice. A ousadia e a curiosidade fazem parte de mim, como fazem parte do repertório de qualquer empreendedor. Mas, como eu costumo dizer nas palestras que faço, o que mais me impulsiona é a atitude de querer fazer.

Sonhar o sonho pronto. Visualizar e ter coragem de seguir em frente. Não basta criar algo: é preciso cultivar, acompanhar, mudar o rumo se preciso for, com ética e comprometimento. Pensar no coletivo, na sustentabilidade para o bem do planeta e, principalmente, honrar as pessoas. É importante ressaltar que a experiência pessoal não é suficiente e, para satisfazer nossa curiosidade empreendedora, é preciso fazer um movimento e buscar em livros – como o *Atitude empreendedora: descubra com Alice seu País das Maravilhas*, de Mara Sampaio – ideias e conceitos capazes de orientar nossas ações ou até mesmo nos mostrar qual a melhor hora para dar o primeiro passo em direção à realização de nossos sonhos: ou seja, já! Educadora apaixonada pelo seu trabalho, Mara acredita no poder do conhecimento e nas possibilidades da mudança impulsionada pelo desejo de transformar a própria vida.

Quem conhece a história de Alice sabe que, em sua viagem inusitada, ela não encontrou apenas maravilhas pela frente. Mas a menina escolheu correr riscos e tomou decisões que a favoreceram. A convivência com personagens como o Chapeleiro Maluco, que conversa com o tempo, e a Rainha de Copas, que ameaça decapitar qualquer um que lhe contrarie, faz com que Alice tome iniciativas que não tomaria se tivesse permanecido no conforto e na segurança de sua casa. As adversidades e a capacidade de se adaptar às mudanças são ingredientes fundamentais de nossa evolução.

Assim, a menina Alice cresceu e se tornou mulher. Ainda mais corajosa e com múltiplas virtudes e capacidade de criação, com praticidade, resiliência e generosidade transformadora, a mulher é capaz do improvável e muitas vezes até mesmo do incompreensível — amar e educar um filho que nem foi gerado por ela, mas gerado pelo seu coração. Isso é ou não é uma atitude empreendedora? Sim, a mulher é capaz de realizar! Em meio a tantos compromissos profissionais, no dia a dia, em palestras e em viagens, eu tenho conhecido e acompanhado a vida de muitas mulheres. São colaboradoras da empresa que presido ou colegas empreendedoras. São mulheres simples ou sofisticadas. Mulheres que desempenham seus vários papéis: acordam mães, passam o dia como profissionais e guerreiras, e voltam para casa como mulheres carinhosas e femininas. E o ciclo continua... mais ou menos como num teatro, como diz Mara Sampaio neste livro.

Minha atitude mais empreendedora é a de aprender todos os dias. Aprender com todas as oportunidades que se apresentam e com todas as pessoas com as quais convivo. A chave para isso é a humildade. É preciso ser humilde para saber quem se é e aonde se quer chegar. Eu amo a vida e agradeço a Deus por me proporcionar dias tão perfeitos como mulher em meus vários papéis, inclusive o atual, o de avó. **Para quem quer empreender, meu conselho é este: sejamos humildes e aprendizes. Sempre.**

Sônia Hess

 A Ricardo Galuppo, com quem escrevo minha história de vida.

ALICE E UM ROTEIRO PARA A ATITUDE EMPREENDEDORA

Existem roteiros consagrados que, uma vez seguidos à risca, aumentam de forma considerável as chances de crescimento profissional, assim como multiplicam as chances de sobrevivência de uma empresa criada neste ambiente hostil conhecido como mercado. Para os profissionais que escolheram seguir uma carreira corporativa e almejam alcançar as posições mais elevadas dentro das organizações que os contrataram, os manuais recomendam cursos de especialização constantes e um grau de atualização que lhes permita estar prontos para agarrar toda e qualquer oportunidade que surgir ao longo da carreira. Para as empresas — e, portanto, para aqueles que escolheram empreender —, o caminho é igualmente conhecido. Mais do que os recursos financeiros que garantam seu nascimento, uma companhia, por menor que seja, precisa se apoiar em um bom plano de negócios, contar com uma gestão eficiente e desenvolver a capacidade de se diferenciar dos concorrentes num ambiente em que inovações constantes são condições essenciais de sobrevivência e crescimento. Tudo isso está descrito nos manuais. Quem já teve a oportunidade de ler um livro sobre carreira ou empreendedorismo — tema que, felizmente, caiu no gosto de leitores e editores nos últimos anos — tem uma noção precisa do caminho a ser percorrido e das dificuldades a serem vencidas por quem busca o sucesso profissional.

Ora, se o caminho é tão conhecido assim, por que algumas pessoas continuam se destacando sobre as demais e algumas empresas têm uma trajetória mais desimpedida do que as outras? Por que nem todos os que leem os livros e colocam em prática o que aprenderam alcançam os mesmos resultados? É evidente que existem alguns passos, aparentemente subjetivos, nem sempre previstos nos roteiros — sem os quais a jornada em direção ao sucesso corre o risco de jamais se iniciar ou de morrer logo na largada. É desses passos que vamos tratar ao longo das próximas páginas.

SONHO: DO REINO DA FANTASIA AO MUNDO REAL

O primeiro ingrediente talvez seja o mais subjetivo de todos. Sem uma visão antecipada e idealizada do caminho que se pretende seguir, e sem a magia de se enxergar na situação desejada antes mesmo de iniciar a caminhada, ninguém tomará a iniciativa de dar o primeiro passo. O nome dessa visão antecipada, em que o profissional se enxerga numa posição que está alguns degraus acima do nível atual, ou em que o empresário visualiza o sucesso antes mesmo de abrir as portas de sua empresa, é *sonho*.

O sonho é a etapa inicial e indispensável do processo empreendedor — e vale tanto para quem aspira a uma carreira profissional de sucesso quanto para quem deseja abrir um negócio próprio. Quem não sonha não empreende — e isso parece cada vez mais claro para quem conhece a trajetória dos executivos mais destacados e dos empresários que lideram as organizações mais prósperas.

Em outras palavras, o sonho não é apenas parte, mas sim o próprio combustível da atitude empreendedora. O problema é que, por mais necessário que seja, o sonho é incapaz de tirar alguém do reino da fantasia e trazê-lo para o mundo real — o mundo no qual os profissionais de carne e osso vivem, trabalham, disputam espaço, faturam, contratam e demitem funcionários (ou são demitidos), negociam com o gerente do banco e com os fornecedores, atendem os clientes, recolhem impostos, pagam as contas, apuram o resultado, e são promovidos e prosperam (ou não) à frente das organizações. Para chegar a esse mundo e, mais do que isso, para conseguir sobreviver, crescer e se firmar num ambiente que se transforma a cada dia e que sempre acrescenta novas dificuldades àquelas já existentes, é preciso partir para a ação e pôr as mãos na massa. É preciso ter atitude.

A DIFERENÇA ENTRE SUCESSO E FRACASSO

Se o sonho é o combustível, a atitude — ou, mais especificamente, a atitude empreendedora — é o motor dos grandes projetos pessoais e profissionais. Uma carreira de sucesso, assim como uma empresa sólida e lucrativa, têm suas chances de êxito multiplicadas quando prestamos atenção a alguns detalhes importantes. E a grande maioria desses detalhes, conforme ficará claro ao longo deste livro, depende única e exclusivamente de nós mesmos. Quem está insatisfeito com a própria carreira e pretende "dar uma chacoalhada" na vida profissional deve estar ciente de que seu crescimento depende da atitude que tiver diante dos desafios que surgirem na sua frente.

Talvez esteja aí — na atitude empreendedora — a resposta para algumas dúvidas que muitas vezes fazem com que as oportunidades que surgem na nossa frente esbarrem em obstáculos e não sejam aproveitadas. A atitude (ou a falta dela) pode significar a diferença entre o sucesso e o fracasso de uma carreira ou de uma empresa. Os livros que tratam sobre negócios e carreiras muitas vezes propõem roteiros para o sucesso e indicam ações necessárias para dar forma aos sonhos. Muitos desses livros também relatam experiências de empresários e de profissionais de sucesso que começaram do zero e construíram impérios que servem de inspiração e de exemplo para muita gente. Ocorre, porém, que muitos dos que se miram nesses casos de sucesso e seguem (ou, pelo menos, imaginam seguir) os manuais ao pé da letra não chegam a resultados satisfatórios e acabam ficando pelo caminho, sem conseguir ocupar as posições mais destacadas ou sem conseguir transformar sua empresa numa organização tão sólida e brilhante quanto aquela que existia em seus sonhos.

COM A AJUDA DE ALICE

Este é o ponto essencial. Por mais explorados que venham sendo os temas das carreiras e do empreendedorismo, por mais divulgado que venha sendo o roteiro do sucesso no mundo empresarial, sempre parece existir nas biografias dos profissionais de maior projeção um "algo mais" que os livros são incapazes de esclarecer. Não é raro encontrar na trajetória de grandes empreendedores ou nas carreiras de grandes executivos algumas situações-limite que muitos interpretam como um desses passes de mágica que transformam sapos em príncipes nos contos de fadas. Situações que se parecem com as cenas extraordinárias vividas por Alice — a personagem criada pelo gênio inglês Lewis Carroll em 1865 e que permanece atual —, que depois de se perder num mundo em que os animais falam e as cartas de baralho têm vida, busca uma solução mágica que a tire do País das Maravilhas e a leve de volta para casa. A menina Alice se perde, muda de tamanho, conversa com animais e, depois de uma série de aventuras que incluem o risco de ser castigada pela

Rainha de Copas (que mandava cortar a cabeça de todos que a contrariavam), se dá conta de que todas as soluções dependiam dela mesma. Ou melhor, dependiam das atitudes que ela assumisse diante dos problemas que surgiam em seu caminho.

A história de Carroll (que mais tarde teria continuação em *Alice através do espelho*, no qual a protagonista, já adolescente, retorna ao País das Maravilhas) já serviu de inspiração e de roteiro para diversos filmes. Um dos mais conhecidos foi lançado em 2010. Dirigido pelo cineasta Tim Burton, essa adaptação traz Mia Wasikowska no papel de Alice, e Johnny Depp interpretando o Chapeleiro Maluco — um dos personagens mais fascinantes do enredo mágico.

Toda a fantasia presente nas páginas dos livros de Carroll e nas telas dos cinemas pode ser comparada com a trajetória de quem se transporta para o mundo profissional. Assim como o País das Maravilhas criado pelo escritor inglês, esse é um mundo repleto de riscos e de possibilidades fantásticas. Nele, as soluções mágicas não resolvem os problemas, e a atitude é a mais transformadora de todas as ferramentas.

ALÉM DA SORTE E DA MAGIA

Por mais importante que seja, no entanto, a atitude não tem merecido a devida atenção nos estudos sobre carreiras e negócios. Tanto assim que, na trajetória dos empresários bem-sucedidos, sempre há aqueles momentos, aos quais nos referimos há pouco, em que as dificuldades parecem se transformar em oportunidades, ou em que um obstáculo que parecia intransponível desaparece e se transforma num caminho aberto, que conduz à prosperidade. Na visão de quem assiste à cena de fora, momentos como esse parecem mágica, ou então, resultados de uma sorte espetacular, que nunca beneficia as pessoas comuns.

Ninguém está querendo dizer aqui que sorte não existe e que acontecimentos fortuitos nunca interferem nas trajetórias de sucesso. O empresário Abilio Diniz — que além de ser um dos mais bem-sucedidos empreendedores brasileiros, tornou-se conhecido, também, como um atleta competitivo — diz em seu livro *Caminhos e escolhas* (2004, p. 57):

"Quanto mais eu treino, mais sorte eu tenho"

Ou seja, a sorte é uma consequência do bom preparo e tem mais chance de surgir para quem está preparado para recebê-la ou para quem está capacitado a usufruir dela. Mas esse preparo e essa capacitação, sem dúvida, exigem esforço e atitude.

É isso mesmo. Muita gente que vê a cena do lado de fora (e não sabe em que ponto o sapato aperta o calo alheio) costuma atribuir as vitórias dos profissionais bem-sucedidos a um golpe de sorte espetacular. Ou, quando muito, costuma acreditar que as mudanças da água para o vinho que testemunhamos no mercado só acontecem porque a tarefa de realizar a transformação estava nas mãos de um desses profissionais geniais, dotados de um tino empresarial superior ao dos seres humanos comuns. Nas mãos de um desses empreendedores ou executivos que parecem tocados pela varinha mágica, tudo parece virar ouro, a ponto de muita gente imaginar que uma mesma oportunidade nas mãos de outra pessoa não produziria efeito semelhante ao que produz quando surge diante de um desses gênios do mundo empresarial.

Será que é isso mesmo? Será que uma pessoa que se considera comum, caso preste atenção a todas as variáveis do ambiente e aja sobre elas com o devido senso de urgência, não seria capaz de atingir resultado semelhante ao alcançado pelos gênios dos negócios? Se a resposta for negativa, ou seja, se você acha que o profissional de sucesso já nasce pronto ou depende apenas da sorte ou de um dom excepcional, tudo bem. Isso significa que não apenas este como todos os livros que já trataram dos desafios da vida profissional e que analisaram o papel do empreendedor podem ser esquecidos e considerados inúteis. Afinal, para os gênios do mundo empresarial, livros que apontam os caminhos da vitória são desnecessários. E, para aqueles que não nasceram com esse talento, são completamente inúteis. Será que é realmente isso?

CORAGEM PARA SEGUIR O COELHO BRANCO

É evidente que não. Aprender com as experiências bem-sucedidas é, desde que a primeira empresa vencedora surgiu no mundo, uma possibilidade oferecida a todos os que desejam empreender. Seguir os caminhos e tomar as precauções recomendadas pelos livros sobre carreiras e negócios pode não garantir, por si só, o sucesso de uma jornada profissional como executivo ou como empresário. Não seguir esses caminhos, porém, representa a certeza do fracasso.

Qualquer profissional bem-informado hoje em dia sabe o que fazer para alcançar o sucesso no mundo dos negócios. Alguns aspectos que muitos autores consideram essenciais já foram suficientemente explorados e, por essa razão, sequer fazem parte do repertório deste livro. Bons exemplos disso são os planos de carreira e os planos de negócios, vistos como parte tão importante do processo que dezenas de livros já foram escritos apenas para ensinar a elaborá-los. Ocorre, porém, que nenhum plano é capaz de prever as situações que dependem da atitude empreendedora. Ou seja, ninguém ensina como agir na hora em que é preciso resolver um problema ou escolher um novo rumo. Ou, como se diz no jargão do mundo empresarial, na hora em que é preciso trocar o pneu com o carro em movimento.

O engenheiro Ozires Silva, o homem que sonhou com a construção de uma indústria aeronáutica no Brasil e fundou a Embraer, disse certa vez que em décadas de experiência no meio empresarial nunca viu um plano de negócios ser posto em prática como fora elaborado. Ou seja, nunca, na experiência de alguém que lidou com esse instrumento pela primeira vez em 1968, ano em que a Embraer foi fundada, Ozires Silva viu uma empresa ganhar vida exatamente como seus criadores previram no projeto original. Por outro lado, ele também nunca viu uma empresa dar certo sem que seus criadores, depois de sonhar com a ideia, parassem para pensar, planejar, prever as situações mais complicadas e traçar um roteiro detalhado do caminho que pretendiam percorrer. Saber em que direção se anda e ter certeza do que se pretende encontrar ao final da jornada é necessário até para tomar a decisão de mudar o rumo ou o ritmo da caminhada no meio do caminho, se isso for necessário. Uma frase que a menina Alice ouviu do Gato de Cheshire, ou Gato Risonho, quando estava perdida no País das Maravilhas, talvez seja a mais citada de toda a obra de Lewis Carroll. Alice indagou sobre o caminho que deveria tomar para sair dali, e o Gato perguntou, de volta, para onde ela desejava ir. A menina respondeu que não importava muito para onde, e o Gato, então, disse: "Não importa que caminho tome" (Carroll, 2009, p. 77).

A grande questão, portanto, é: O que faz com que algumas pessoas, ao longo da carreira profissional, passem a impressão de saber exatamente para onde estão indo, enquanto outras parecem perdidas no meio das dificuldades? Por que para uns tudo parece dar certo, enquanto para outros o caminho se mostra repleto de obstáculos e desvios que parecem transformar o sucesso em algo inalcançável? Ninguém quer dizer aqui que não existam fatos que estejam fora do campo de controle do profissional e que possam interferir de forma negativa sobre a carreira ou os negócios. Uma catástrofe natural de grandes proporções, uma guerra ou uma crise econômica internacional que mude o ambiente da noite para o dia podem, sim, ceifar empregos, interferir nos negócios e interromper trajetórias vitoriosas. Mas, tirando essas situações extremas, quase todo o resto dependerá da forma com que a pessoa se comporta diante dos problemas que surgem, ou da maneira com que ela administra as situações mais rotineiras, ou como ela age diante de sua equipe. Depende, em outras palavras, de suas atitudes.

A forma de lidar com as situações cotidianas, a capacidade de fazer seu marketing pessoal, a percepção da necessidade de mudar o próprio comportamento para se alcançar o objetivo desejado e até mesmo a autoestima, que é decorrente da maneira como a pessoa se enxerga, tudo isso faz parte de um conjunto de situações que podem ser moldadas pelo profissional. São situações que ele pode controlar e colocar a serviço do seu crescimento e do seu sucesso, mas que, tanto na vida real como no mundo que Lewis Carroll criou para a menina Alice, sempre dependerão da atitude que ele assume diante dos problemas, ou da sua forma de lidar com os desafios naturais que a própria viagem coloca no caminho de quem inicia uma jornada profissional. Tudo isso fica mais claro à medida que os personagens da história assumem a dimensão concreta. E tudo pode começar quando um coelho de olhos vermelhos passar apressado na sua frente.

UMA VIAGEM FANTÁSTICA

No lado leste do Central Park, em Nova York, na altura da rua 74, uma grande escultura em bronze mostra Alice e os principais personagens de sua aventura. Ela foi feita pelo artista espanhol José de Creeft por encomenda do filantropo George T. Delacorte Jr. em 1959. Nela, a menina está sentada sobre um enorme cogumelo, rodeada pelo Gato Risonho, Coelho Branco, Chapeleiro Maluco, pela Lagarta Azul e por outros personagens dessa história que passou por gerações e gerações ao longo das décadas. Para fazê-los, de Creeft inspirou-se nas ilustrações que o artista John Tenniel (cartunista político muito conhecido na Inglaterra em sua época) criou para a obra original de Lewis Carroll. A única exceção é a menina Alice, cujo rosto é baseado na figura de Donna, filha de Delacorte.

A grande diferença da escultura de Alice para outras obras de arte expostas em museus ou em espaços públicos é que ela não está instalada sobre um pedestal. Foi posta no nível do chão justamente para que as pessoas, mais especificamente as crianças, interagissem com ela. É essa interação permanente que explica o fato de aquelas figuras em bronze, de tanto serem tocadas, estarem sempre polidas e brilhantes.

Este livro é um convite para que você também interaja com essas personagens, viaje com elas pelos caminhos do mundo profissional e tenha uma carreira empreendedora bem-sucedida à frente de um negócio próprio ou no exercício de um cargo importante dentro de uma organização de destaque. Não é um mapa, mas um guia de viagem que pretende mostrar que o mundo real das carreiras e dos negócios pode reservar surpresas positivas e maravilhosas para quem, sabendo o destino que pretende alcançar, decidir percorrer os seus caminhos. É, em resumo, um livro para quem não está satisfeito com a vida profissional e deseja mudá-la.

Ele foi escrito a partir do conteúdo desenvolvido para os cursos de Cultura Empreendedora e Atitude Empreendedora que tenho ministrado no Senac de São Paulo. Entre 2005 e 2013, milhares de pessoas passaram pela sala de aula desses cursos e, para muitas delas, o contato com o tema foi fundamental para dar um novo impulso na carreira. Muitas dessas pessoas, por meio de suas opiniões, experiências e reações diante do conteúdo apresentado, também contribuíram para consolidar o conteúdo que ganha, agora, o formato de livro. Assim como os temas tratados nos cursos, este livro aponta o caminho para mudanças na vida profissional. São mudanças que até podem, como consequência indireta, ter algum impacto em outras dimensões da vida e das relações pessoais. Mas a intenção é fazer com que as pessoas descubram que **a atitude diante dos grandes e também dos pequenos desafios pode ser a chave para o sucesso** na carreira, num mercado cada vez mais exigente.

Ao longo da leitura você perceberá que, assim como os personagens da história de Alice, alguns temas tratados neste livro entrarão e sairão dos próximos capítulos sem relação aparente com os demais. Aos poucos, porém, percebe-se que cada um deles, mesmo aqueles que parecem meramente acessórios, tem sua contribuição específica e valiosa para o resultado final. Ou melhor, cada um deles é parte importante daquilo que, no final, nos guiará por essa viagem fantástica rumo à atitude empreendedora.

Pioneiras e colonizadoras: as mulheres de nossa vida

Além das águas que fecham o verão, março é o mês das homenagens às mulheres. Principalmente às "grandes mulheres", às pioneiras, aquelas que atingiram o primeiro lugar em alguma atividade importante: a primeira mulher que fez um voo transatlântico, a primeira a ser eleita para o parlamento, a primeira medalhista olímpica, e assim por diante. Na maioria das vezes, essas mulheres conquistaram espaço num ambiente que, à época, era considerado eminentemente masculino. Elas ousaram, arriscaram e conquistaram. Chegaram lá.

Entre as brasileiras, existem muitas que abriram caminho em terreno nunca imaginado pela maioria das pessoas. Temos que homenageá-las! Outra categoria de pioneiras é a das mulheres que ampliaram o próprio espaço feminino. Leila Diniz, por exemplo, foi pioneira ao expor seu corpo de grávida usando biquíni numa praia carioca, na década de 1960. A partir desse gesto, a identidade feminina integrou mãe e mulher num único corpo. Mulheres como Leila Diniz revolucionaram e ampliaram a dimensão do papel feminino. E também existem milhares de outras que não foram pioneiras em nada, mas que mesmo assim são conquistadoras.

Gostaria de lembrar que todo território conquistado, por mais ousado e revolucionário que tenha sido o ato de fincar ali uma bandeira, requer que venham outras pessoas para manter o caminho aberto. Veja o caso da Lua: as bandeiras que os astronautas norte-americanos fincaram em seu solo não passaram de uma marca simbólica; como mais ninguém apareceu por lá, elas perderam o sentido de conquista. Por isso, **tão importantes quanto os pioneiros são os colonizadores, aqueles que vieram depois e fizeram tudo dar certo.**

Atualmente é importante homenagear não apenas as pioneiras, mas também as mulheres anônimas que vieram em seguida para consolidar as suas conquistas. Muitas não terão suas biografias lançadas em nenhuma livraria. Não terão seus nomes identificando escolas nem teatros. Elas são as colonizadoras dos novos paradigmas gerados pelas pioneiras.

São elas que criam a rede de sustentação dessas inovações. São mulheres corajosas que, do nada, encontram novas formas de se relacionar e de enfrentar a resistência de quem não reconhece tais conquistas. São mulheres persistentes, pois constroem no dia a dia as condições favoráveis para que esse terreno se torne fértil para novas ousadias femininas.

São milhares de executivas, jornalistas, professoras, atletas e pesquisadoras que têm que matar um leão por dia, sem perder a ternura, para demonstrar que o mundo ficou melhor com a participação ativa da mulher.

As brasileiras estão fazendo sua parte. As pesquisadoras são 49% dos cadastrados pelo Ministério da Educação; as mulheres representam 80% do número de professores do ensino fundamental e médio, e 50% dos empreendedores brasileiros são do sexo feminino. As mulheres estão em todos os setores produtivos da sociedade.

Sem alarde, essas colonizadoras estão preparando o terreno para que as futuras gerações de mulheres possam percorrer o caminho da inovação e expansão dos limites de uma maneira mais suave. As novas gerações recebem um solo fértil para inovar e reinventar novas formas de ser mulher e ser mais feliz. Somos gratas às pioneiras que romperam as fronteiras e também às colonizadoras que ajudaram a construir sobre o território conquistado.

PRIMEIRA PARTE

CONTEXTO SOCIAL

ALICE E O PAÍS DAS MARAVILHAS: ATITUDE EMPREENDEDORA

A cena inicial de *Alice no País das Maravilhas*, a obra mais conhecida de Lewis Carroll, traz um exemplo esclarecedor do que vem a ser atitude — o conceito que nos acompanhará ao longo das próximas páginas e que, do ponto de vista aqui apresentado, é a chave para o bom desempenho profissional. Na cena, Alice está sentada à beira de um rio ao lado de sua irmã mais velha que, concentrada, lê um livro. Sem entender a utilidade de um texto que não tinha diálogos nem ilustrações, e pensando se valeria a pena, naquela tarde quente, levantar-se para colher margaridas e fazer uma guirlanda, a menina vê o Coelho Branco (assim mesmo, com letras maiúsculas) passar apressado na sua frente. O bichinho tinha olhos cor-de-rosa, vestia um paletó e de vez em quando tirava um relógio do bolso do colete, consultava-o e dizia — sempre se lamentando — que era tarde e que chegaria atrasado. Alice pensaria, depois, que deveria ter se espantado ao ver um coelho vestindo paletó e colete e que, além do mais, era falante. No entanto, naquele momento, ela achou tudo muito natural e, movida pela curiosidade, levantou-se e seguiu o Coelho Branco.

Atitude é exatamente isso: a intenção que existe por trás do gesto; a predisposição para agir. Ou, ainda, uma ação motivada por um propósito específico. É o querer fazer. Alice, que pouco antes havia decidido não se levantar para colher flores, põe-se de pé assim que vê o Coelho Branco e segue em seu encalço. Dessa maneira, o conceito não pode ser confundido com comportamento nem com reação. Ela se moveu porque teve vontade de satisfazer sua curiosidade. Sem essa atitude, ela jamais teria vivido suas aventuras no País das Maravilhas.

O primeiro ponto a destacar, portanto, é que sem uma pretensão, ou seja, sem o intuito de se alcançar determinado objetivo, não é possível falar em atitude, mas, sim, em movimento, em reação ou em sensação. Em outras palavras, atitude é uma ação ou um conjunto de ações resultante de uma intenção, que dá sentido e significado aos acontecimentos de nossa vida. É algo que não nasce por acaso, mas se estabelece sempre em função da bagagem pessoal que cada um de nós acumula e carrega ao longo da vida. Nossas opiniões, nosso conhecimento, nossos sentimentos e nossas crenças diante de um desafio, de um problema ou de uma pessoa com a qual precisamos nos relacionar é que determinarão nossa atitude — ou repertório de atitudes — diante das diferentes situações da vida.

Por mais simples que pareça, esse é um conceito delicado, que tem merecido a atenção de pesquisadores que tentam estabelecer a importância da atitude na dimensão do comportamento humano. Para o economista e pesquisador Carlos Hilsdorf (2004), atitude é uma disposição interna que orienta a nossa conduta diante dos fatos e acontecimentos da vida, sejam eles reais (concretos) ou simbólicos.

Essa definição, naturalmente, apoia-se em conceitos formulados em trabalhos anteriores, e os complementa. Podemos citar os estudos realizados pelo sociólogo inglês Abraham Naftali Oppenheim (1966), que definiu atitude como uma organização duradoura de crenças e dos diversos processos cognitivos, dotada de carga afetiva favorável ou contra um determinado objeto, que predispõe a uma ação coerente com as cognições e os afetos relativos a esse objeto.

O psicólogo francês Jean Maisonneuve, por sua vez, entende que atitude consiste

> numa posição (mais ou menos cristalizada) de um agente em relação a um objeto (pessoa, grupo, situação ou valor); exprime-se mais ou menos abertamente através de diversos sintomas ou indicadores (palavras, tons, gestos, atos, escolhas — ou a sua ausência); exerce uma função cognitiva, energética e reguladora nos comportamentos que lhe estão subjacentes. (Maisonneuve, 1977, p. 94)

Como se vê, a partir do ponto de vista desses estudiosos, fica claro que a atitude está presente em nosso comportamento de forma abrangente e organizada. Ela pode ser positiva ou negativa e manifesta-se tanto nos momentos mais decisivos como também nas situações mais corriqueiras de nossas vidas. O importante, portanto, é ter consciência de que não existe "atitude espontânea". Ela é sempre uma ação deliberada, a escolha de uma maneira de agir diante de um determinado acontecimento ou a tomada de decisão pessoal diante de um desafio.

Outro ponto a se destacar a esta altura diz respeito ao melhor momento de tomar a atitude que conduzirá a uma determinada mudança. Na cena criada por Carroll, Alice se levanta e se põe a seguir o Coelho Branco assim que o vê. Ela não espera outro momento. Percebe, naquele instante, que está diante de uma oportunidade de sair de uma situação que não se mostrava confortável para ela. Esse é um aspecto importante.

No outro livro de Carroll, *Alice através do espelho*, a personagem, já adolescente, retorna ao País das Maravilhas e vive novas aventuras. Numa delas, ela consegue desembaraçar os cabelos da Rainha Branca que, agradecida, quer contratá-la para o serviço. Como pagamento, oferece a Alice o direito de comer geleia dia sim, dia não. A Rainha diz em seguida que "ontem foi dia sim". Portanto, o "hoje" é dia não. Por esse critério, a menina jamais comeria a geleia, pois o dia "sim" sempre seria o anterior ou o próximo, nunca hoje.

Por mais que seja uma situação fictícia, essa cena traz uma lição importante: **tudo aquilo que é adiado corre o risco de jamais ser realizado.** Assim, o melhor momento para dar início à transformação que levará você a ter uma nova atitude em sua vida profissional é hoje. A pergunta, portanto, é: "Qual a atitude mais adequada diante da situação profissional que estou vivendo hoje?"

A COR DAS LENTES DE SEUS ÓCULOS É UMA ESCOLHA

Imagine, por exemplo, alguém que, ao voltar para casa de carro, depois de um dia cansativo de trabalho, se vê no meio de um grande congestionamento de trânsito, desses que a cada dia são mais frequentes na rotina de quem vive em grandes cidades. Sem condição de avançar nem de recuar (ou seja, sem escolha sobre o que fazer diante desse fato específico), tudo que essa pessoa tem à sua disposição é a maneira de reagir ao problema.

Alguns, diante de uma situação como essa, têm a capacidade de enxergar o mundo em tons de rosa. Quem age assim opta por se relacionar com o mundo de forma positiva, e todos os seus comportamentos serão orientados por essa escolha. Surpreendido pelo engarrafamento, um motorista que fez essa opção terá uma atitude mais tranquila (e, portanto, não agressiva) em relação aos demais. Tentará pensar em situações positivas, dará passagem aos outros carros e tratará os pedestres com gentileza. Ouvirá música e apreciará a paisagem na medida do possível. Outros, na mesma situação, por sua vez, podem ter uma atitude oposta e, ao contrário de quem vê através de lentes cor-de-rosa, escolhem enxergar o mundo em tonalidades mais escuras e sombrias. Uma pessoa assim assumirá uma posição negativa diante de uma situação que não é confortável nem para ela nem para os outros. Ela se deixará levar pelo mau humor e não permitirá dúvidas em relação a isso. Evitará o contato visual com outros motoristas e manterá o carro acelerado para evitar que algum pedestre ou outro carro passe à sua frente. Ficará resmungando sobre os problemas do trânsito e possivelmente sobre seu atraso para algum compromisso.

Assim sendo, ao lado de qual desses dois motoristas você preferiria estar caso fosse surpreendido pelo mesmo engarrafamento? Ninguém hesitará, diante de uma pergunta como essa, em responder que a companhia daquele que opta por enxergar o mundo com óculos de lentes cor-de-rosa é mais agradável.

Como se percebe, a forma de lidar com as situações do dia a dia é resultado de uma escolha pessoal. O problema é que o motorista que escolheu ver o mundo em tons sombrios certamente acredita estar com a razão e entende que sua forma de agir é a mais correta. Em outras palavras, a percepção que temos da realidade é uma consequência da lente que escolhemos usar. Nossa atitude diante das situações será baseada nos elementos e nas informações que colhemos por meio da nossa percepção, que absorvemos e deixamos entrar na nossa mente para subsidiar nossas atitudes. E isso vale tanto para uma situação corriqueira como essa quanto para os problemas e desafios com os quais nos deparamos em nossa vida familiar e profissional.

A questão agora é: Qual é a cor das lentes dos óculos que você usa para olhar seu trabalho? Se a lente for escura, o trabalho será visto como algo tedioso e limitante, um sofrimento. Se for clara, talvez você perceba o mundo como fonte de oportunidades, prazer e realizações.

conforme a cor da lente que usa para interpretá-la. Mesmo que cada um (aquele que opte por ver tudo pelo lado negativo ou tudo pelo lado positivo) afirme que seu jeito de ver é o mais correto — o verdadeiro, enfim — sempre se notarão diferentes percepções da realidade. Uma para cada cor de lente. A pergunta a ser feita antes de continuarmos a perseguir o Coelho Branco é: Você sabe a cor das lentes dos óculos que está utilizando para ver o mundo? Você classifica suas atitudes diante das situações e dos desafios profissionais como positivas ou negativas? Está satisfeito com a cor das lentes de seus óculos ou gostaria de mudá-las? Caso não esteja satisfeito e queira mudar a cor de suas lentes, você considera essa mudança possível? Para que uma pessoa possa avaliar com maior precisão suas próprias atitudes e descobrir em que direção elas a estão conduzindo, é necessário, antes de mais nada, ter vontade e se conhecer.

A realidade é a mesma para todos, mas cada profissional lida com ela à sua própria maneira,

QUEM VÊ O COELHO BRANCO?

Depois de entrar na toca do coelho e despencar num buraco profundo que, na sua imaginação, deveria ter uns seis mil quilômetros de profundidade, Alice cai sobre um monte de folhas secas e gravetos sem se machucar. E, mais uma vez, vê o Coelho Branco, que continuava apressado e dizendo que era tarde. A menina levanta-se e novamente persegue o animalzinho, que a conduz direto a um salão de teto baixo, rodeado por muitas portas. Todas trancadas. Ela encontra, então, uma mesa de vidro sobre a qual havia uma pequena chave de ouro. A menina pega-a e com ela tenta abrir as portas — mas as fechaduras ou eram muito grandes ou muito pequenas para aquela chave. Já frustrada, vê uma porta minúscula, rente ao chão. Alice se abaixa e percebe que a chave se ajusta perfeitamente àquela fechadura. Então, abre a porta e enxerga, do outro lado, o mais belo jardim que já se viu. Ela, claro, gostaria de sair daquele salão escuro e passear pelo jardim.

Apenas para aplicar a ideia da cor das lentes à história de Alice, podemos dizer que a menina usava óculos de lentes cor-de-rosa no momento em que viu o Coelho Branco passar na sua frente. Se estivesse usando óculos escuros, não o teria enxergado e muito menos encontrado razões suficientes para segui-lo. Continuaria sentada (e incomodada) ao lado da irmã mais velha e, mais tarde, a acompanharia de volta para casa. E, sendo assim, não haveria aventuras nem histórias.

Os sentidos são as antenas que nos permitem captar as informações da realidade para formarmos nossa visão de mundo,

e nos relacionarmos com ele. Quanto melhores e mais aguçados forem nosso olfato, audição, paladar, tato e visão, mais informações recolheremos para, com elas, formar uma opinião e definir a forma de interagir com outras pessoas e com o mundo. O acúmulo dessas informações, as reflexões e os julgamentos que fazemos sobre elas acabam se tornando a chave de nossa percepção da realidade.

O modo como nos enxergamos (ou seja, nossa percepção a respeito de nós mesmos) é fundamental para explicar nossas atitudes diante dos desafios com os quais nos deparamos. Muitas vezes, **os valores que desenvolvemos, bem como as referências de vida que temos e as crenças que alimentamos, acabam interferindo e limitando nossa percepção da realidade.** Eles nos levam a reagir aos desafios com os quais nos deparamos com base em processos psicológicos que nem sempre nos permitem avaliar corretamente nossa capacidade de nos sairmos bem diante deles. Assim como Alice diante da porta, muitas vezes nos sentimos incapazes de ultrapassar um obstáculo ou de alcançar a chave que nos abrirá a passagem para o lindo jardim. Um dos processos psicológicos que interferem com mais frequência em nossa capacidade de julgamento é o da generalização. Enquanto tentava sair da sala, Alice — que a essa altura já pensava em uma maneira de voltar para o lado de sua irmã — cai num poço de água salgada e, antes de se dar conta de que se tratava de um lago formado por suas próprias lágrimas, pensa que está no mar. E, como está no mar, imagina, voltará para casa de trem, pois toda praia da Inglaterra tinha, atrás de uma fileira de casas de veraneio, uma estação de trem. Trata-se, naturalmente, de uma generalização, um dos processos psicológicos mais usuais no nosso dia a dia. Quando dizemos que "os homens são todos iguais", que "todo brasileiro é criativo" ou que "no inverno as mulheres ficam mais bonitas" estamos, na verdade, generalizando — ou seja, projetando para todos os fenômenos futuros uma experiência de caráter específico que tanto pode ser positiva (e, nesse sentido, favorável e estimulante) quanto negativa e, portanto, limitadora do comportamento.

Outro processo frequente, mas – como no caso da generalização – de cuja interferência na avaliação de nossas possibilidades nem sempre nos damos conta, é o da "deleção". Esse processo manifesta-se quando, ao avaliarmos o cenário à nossa volta, desconsideramos uma parte da realidade com a qual não sabemos lidar ou que, por conveniência, preferimos ignorar. Em outras palavras, ele se estabelece quando deletamos dados que não gostaríamos de registrar na mente. "Brigamos porque eu não o ouvi pedir desculpas", "ele não percebe que está sendo enganado" e "eu nem vi que comi tudo isso" são frases que costumamos dizer quando praticamos a deleção.

Como se vê, as frases dizem respeito a situações rotineiras e aparentemente sem muita importância para os grandes movimentos que precisamos realizar no nosso dia a dia. Mas a questão está justamente aí. Se a deleção, a generalização e outros processos psicológicos semelhantes têm o poder de restringir nossa percepção da realidade diante dos fatos mais corriqueiros e de causar efeito negativo na organização dos componentes que determinam nossas atitudes, é de se imaginar que eles cumpram papel idêntico diante dos grandes movimentos. Muitas vezes, deixamos de agir da forma que gostaríamos diante de um determinado desafio profissional apenas porque ele parece maior que nossa capacidade de dar conta dele. Ao dizermos, diante do sucesso de alguém, frases como "a água só corre para o mar" ou "filho de peixe, peixinho é" estamos, na verdade, atribuindo seu bom desempenho a fatores que não têm a ver com a competência nem com o esforço que essa pessoa fez para alcançar seu objetivo. E, ao fazer esse tipo de generalização, estamos, na verdade, tentando justificar por que ele – e não nós – alcançou aquele objetivo. Portanto, **é necessário estarmos atentos a todos os fatores limitantes a fim de que eles não interfiram de forma negativa em nossas atitudes.**

39

QUERER E FAZER

Um detalhe que não pode ser ignorado é que a atitude não é o reflexo exato daquilo que pensamos ou que desejamos. Não é, como nas histórias infantis, a poção mágica que nos dota de uma força capaz de remover qualquer obstáculo. Por mais intencional que seja a atitude, nossas ações nem sempre refletem aquilo que pensamos e, em determinados momentos, chegam até mesmo a contrariar nossos pontos de vista. É muito frequente ouvir alguém dizer que, diante de um determinado problema, a solução posta em prática é muito diferente daquela que foi inicialmente imaginada.

Esse tipo de situação é muito mais comum do que parece — e, mais uma vez, vale tanto para nossa vida pessoal quanto para a vida profissional. Nosso comportamento muitas vezes não espelha nossa intenção nem nossa percepção sobre determinado fato. Um exemplo comum são os fumantes que, apesar de quererem abandonar o cigarro por terem consciência de que o hábito, além de prejudicial à saúde, é cada vez mais antissocial, continuam fumando por sentirem prazer quando o fazem. Outra situação frequente é a das pessoas sedentárias que gostariam de fazer caminhadas ou de praticar algum esporte que as ajudasse a ter mais energia e menos estresse. Elas chegam até a comprar um novo par de tênis e roupas adequadas, mas como não gostam de praticar atividade física, sempre deixam para amanhã o início dos exercícios. Essa incongruência entre querer uma coisa e fazer outra diferente ocorre por falta de alinhamento entre aquilo que a pessoa acredita e aquilo que ela sente em relação à sua ação.

BEBA-ME, COMA-ME: COMO ALINHAR MINHA ATITUDE

As atitudes são formadas pela inter-relação organizada de três dimensões:
- ✓ Cognitiva, que reúne nossos pensamentos e crenças.
- ✓ Afetiva, formada pelos sentimentos e emoções.
- ✓ Comportamental, que são a disposição corporal para agir e a ação propriamente dita.

São essas dimensões que estão por trás das atitudes que, por sua vez, orientam e conduzem nossas ações. Quando afirmamos que uma pessoa "tem atitude" ou que "é uma pessoa de atitude", na verdade estamos reconhecendo que essas três dimensões estão interagindo na conduta da pessoa. Estamos dizendo que ela fez algo (dimensão comportamental) coerente com o que fala e pensa (dimensão cognitiva) e está se sentindo bem com isso (dimensão afetiva). Finalmente, uma pessoa "de atitude" é aquela que, ao agir, levou em conta na sua decisão:
- ✓ Como gosta de agir (desejo).
- ✓ Como deve agir (normas sociais).
- ✓ Como age regularmente (hábitos).

O processo de construção de nossas atitudes é dinâmico e constante, como uma espiral. Quanto mais interagimos com a realidade, mais percebemos novos fatores que alteram nossa forma de ver o mundo. Por causa deles, nos tornamos mais experientes e, dessa maneira, modificamos nossa forma de agir, fazendo com que nossas ações sejam o reflexo de nossas intenções. Por fim, descobrimos que tanto nossa percepção diante dos fatos pode alterar nossas atitudes, como nossa atitude pode modificar nosso comportamento perante as situações. Quanto mais proximidade existir entre a intenção e a ação, mais alinhada será nossa atitude diante de um determinado problema.

Voltando um pouco à história de Alice, quando ela abriu a porta minúscula e viu o jardim, desejou passar para o outro lado, mas seu corpo era grande demais para o tamanho da porta. Ela, então, põe-se a imaginar uma maneira de passar e, nessa hora, encontra um vidro onde está escrito: "beba-me". Depois de avaliar se deveria ou não seguir aquela instrução, decide beber o conteúdo. E começa a encolher. Ocorre que, ao se sentir pequena o suficiente para passar pela porta, ela se dá conta de que esqueceu a chave sobre a mesa. Ou seja, ainda não poderia passar pela porta. Depois de voltar a crescer com a ajuda de um pedaço de bolo, e de encolher novamente, ela enfim se dá conta de que tudo à sua volta está diferente do que estava no dia anterior.

Lidar com situações que se mostram fora de nosso controle é um dos maiores desafios que se colocam diante de nós. E a forma de lidar com elas depende do autoconhecimento de cada um. Ao se perceber diante daquela situação, em vez de colocar a culpa nas circunstâncias e se comportar como vítima delas, Alice se põe a pensar e faz a pergunta que todos deveriam se fazer antes de se lançar a empreitadas importantes:

Quem sou eu?

Não é uma pergunta fácil e de resposta imediata. A própria Alice, na sequência da história, não saberá o que responder quando a Lagarta Azul, outra personagem do enredo, perguntar-lhe quem é ela. O diálogo entre as duas mostra a menina falando de mudanças justamente com um ser que tem na metamorfose a sua própria essência. A resposta a uma pergunta como essa (quem sou eu?) dependerá, naturalmente, de nossa percepção — que vem a ser a capacidade cognitiva de registrar os estímulos e os fatos que experimentamos. Trata-se "do que" e "do quanto" somos capazes de enxergar e de aprender da realidade. Muitas vezes, consideramos que a porta que devemos atravessar para alcançar os objetivos que almejamos é pequena demais para que possa ser transposta, e isso frequentemente nos imobiliza e nos impede de ir em frente.

A ATITUDE EMPREENDEDORA: HOJE É DIA, SIM!

Uma vez definido o conceito de atitude e estabelecidas suas diferentes dimensões, podemos colocar os óculos de lentes cor-de-rosa, assim como fez Alice ao viajar pelo País das Maravilhas, e nos aprofundar um pouco mais no universo das surpresas que o mundo reserva aos que empreendem. E mostrar que, a despeito de muitas vezes os acontecimentos à volta de um empreendedor parecerem extraordinários, como as situações que a menina viveu em sua jornada naquele mundo mágico, a maior parte das variáveis que interferem no sucesso ou no fracasso de um negócio está sob o controle de quem tem a iniciativa de empreender. Ou seja, o sucesso ou o fracasso de um empreendedor depende quase sempre de suas atitudes. **Atitude empreendedora é a predisposição para agir de forma inovadora e criativa no seu ambiente, gerando valor para si e para a comunidade.**

Diante disso, é possível afirmar que uma pessoa que tem atitude empreendedora é aquela que:

- ✓ Acredita na própria capacidade de ser protagonista.
- ✓ Valoriza as mudanças.
- ✓ É flexível e aberta a tudo o que é novo e diferente.
- ✓ Prioriza o futuro, o desconhecido.
- ✓ Acredita que é capaz de produzir a própria realidade.

Em outras palavras, se voltarmos ao exemplo da cor das lentes com que se enxerga o mundo, a pessoa que tem atitude empreendedora — e que tem, entre suas características, a crença de que sua iniciativa será bem-sucedida — sempre usará óculos com lentes de tons claros para ampliar as alternativas e avaliar suas possibilidades de escolha. Até porque, com esses óculos, os riscos da jornada tornam-se mais visíveis, possibilitando o seu cálculo com mais precisão.

QUEM É VOCÊ? UM CACHO DE PAPÉIS SOCIAIS

Em sua viagem pelo País das Maravilhas, Alice se depara com seres extraordinários e com cada um deles trava um diálogo fantástico. Um desses personagens é a Tartaruga Falsa, um animal que brinca com as palavras e que, vez por outra, finge ser o que não é; ou um animal que é exatamente aquilo que parece ser, mas age como se tivesse um papel para cada situação. A afirmação pode parecer um tanto absurda, mas quando observamos a Tartaruga Falsa nos damos conta de que nossa vida é um pouco parecida com a dela. Desempenhamos papéis diferentes para cada situação com a qual nos deparamos. Ou melhor, cada situação de nossa vida exige de nós um papel específico.

A vida é mais ou menos como no teatro: **estamos a todo momento desempenhando papéis e contracenando com personagens que ajudam a dar sentido à nossa história.** Em suas aventuras pelo País das Maravilhas, Alice deu uma de poeta ao declamar um poema para a Lagarta Azul, foi babá ao cuidar do filho da Duquesa, foi testemunha no julgamento das tortas da Rainha e desempenhou uma série de outros papéis. Em cada um deles, Alice tinha uma função específica em relação à pessoa com quem contracenava. O entendimento dos papéis que desempenhamos é tão importante para nossa identidade social que se tornou objeto de estudo da psicologia social.

De acordo com o psiquiatra naturalizado norte-americano J. L. Moreno, criador do psicodrama, "papel é a forma de funcionamento que o indivíduo assume no momento específico em que reage a uma situação específica, na qual outras pessoas ou objetos estão envolvidos" (Moreno, 1975, p. 27). Em nossa vida desempenhamos uma série de papéis sociais, que são resultados do processo de socialização que as pessoas vivem desde o nascimento, e sempre haverá outra pessoa interligada a eles.

Fonseca Filho (1980, p. 20) enfatiza a importância das pessoas com quem contracenamos: "Um papel é uma experiência interpessoal e necessita de dois ou mais indivíduos para ser posto em ação. Todo papel é uma resposta a outro (de outra pessoa). Não existe papel sem contrapapel". Sendo assim, o papel de filho (que é o primeiro que desempenhamos) depende de alguém que o complemente no papel de pai ou de mãe. Para ser marido é necessário que haja alguém no papel de esposa. É preciso que uma pessoa desempenhe o papel de freguês para que outra desempenhe o de vendedor. Só se é patrão quando existem empregados, e assim por diante.

A relação entre os papéis sociais é definida pela natureza da atividade que realizamos, pela função que desempenhamos nessa atividade e pelo contexto no qual ela se desenrola. Numa escola, uma pessoa só desempenhará o papel de professor quando tiver a função de ensinar aos alunos. Se alguém desempenha o papel de juiz num tribunal é porque, na sua frente, há alguém no papel de réu. Seja como for, o fato é que cada um de nós tem diferentes atividades e diferentes funções em relação às pessoas com quem convivemos. Ou seja, cada um de nós desempenha muitos papéis sociais. Uma mesma mulher pode ser, ao mesmo tempo, filha, esposa, mãe, advogada, amiga, aluna e pianista. Para cada pessoa com quem nos relacionamos, haverá uma função específica, num contexto específico.

Além das características internas e das circunstâncias específicas da vida de cada pessoa, os papéis são constituídos pelas convenções culturais e pelas expectativas sociais que se tem sobre sua conduta na sociedade. Sendo assim, os papéis sociais são influenciados pelo contexto e por um padrão definido pelo grupo ao qual a pessoa pertence. Quem sou eu? Somos um cacho de papéis sociais.

Construímos nosso *eu* por meio do conjunto de papéis desempenhados por nós durante nossa vida.

PAPEL PROFISSIONAL E EMPREENDEDOR

Os papéis sociais que desempenhamos com maior frequência podem ser divididos entre familiares (pai, mãe, irmão, tio, etc.), comunitários (amigo, vizinho, prefeito, etc.) e profissionais (advogado, engenheiro, cozinheiro, etc.), sendo que os últimos, para este livro, são os que interessam, pois estão, de forma mais direta, relacionados à profissão que exercemos. Além da formação técnica — que dá aos profissionais habilitados o título de advogado, contador, economista, engenheiro e assim por diante —, o papel profissional se caracteriza pelo exercício de determinada atividade específica, seja ela da mesma área de formação ou não. Uma pessoa pode ser formada em psicologia e trabalhar em outra área que não a de recursos humanos dentro de uma empresa. Pode ser formada em engenharia e trabalhar como cozinheiro, escritor ou professor. Portanto, além da formação propriamente dita, o papel profissional se caracteriza pelas funções exercidas e pelas atividades desempenhadas. Também devem ser consideradas as habilidades desenvolvidas no relacionamento profissional, que fazem com que um economista, por exemplo, trabalhe como consultor, como pesquisador ou como vendedor.

Como se vê, a definição do que vem a ser o papel profissional é marcada por certa subjetividade e difere quanto aos cargos que assumimos nas organizações. O papel pertence à pessoa em seu relacionamento com as demais. O cargo (de diretor, de gerente, de coordenador) é um posto padrão que pertence à empresa. Assim, o gerente de hoje pode, por exemplo, ser promovido a diretor amanhã e chegar a presidente depois disso. Existem, porém, categorias transversais de papéis que podem ser encontradas em qualquer papel ou função profissional. O papel de líder é um deles, assim como o de facilitador ou de mediador. Outro papel que se ajusta a mais de uma situação e pode se manifestar em qualquer momento da vida profissional de uma pessoa é o de empreendedor.

EMPREENDEDOR É UM PAPEL?

O termo "empreendedor" já era utilizado desde o século XIII para definir pessoas como o navegador veneziano Marco Polo, que assumiu riscos pessoais consideráveis ao viajar para o Oriente e adquirir mercadorias para as pessoas que financiaram suas expedições. A origem do conceito, no entanto, ocorreu no século XVIII, a partir dos registros feitos por Richard Cantillon, um banqueiro irlandês radicado na França e autor de *Ensaio sobre a natureza do comércio em geral*, que é considerado um dos primeiros livros sobre economia e negócios. Para ele, o empreendedor era aquele que comprava por um preço certo e vendia por um preço incerto — condição que identifica o empreendedor com a capacidade de assumir os riscos de seu negócio (Dornelas, 2001).

Um século mais tarde, o francês Jean-Baptiste Say, seguidor das ideias do economista escocês Adam Smith, definiu empreendedor como o indivíduo capaz de mover recursos econômicos de uma área de baixa produtividade para outra de maior produtividade e retorno. Ou seja, além da capacidade de correr riscos de que falava Cantillon, o empreendedor passa a ser visto, também, como alguém que é dono do negócio e busca a produtividade.

Já na primeira metade do século XX, Joseph Schumpeter, economista nascido na Morávia (atual República Tcheca) e que lecionou em Harvard, uma das mais conceituadas universidades dos Estados Unidos, retomou o conceito de Say e acrescentou que o empreendedor tanto pode ser alguém que abre a própria empresa como alguém comprometido com a inovação em empresas constituídas. Essa visão foi encampada e ampliada por Peter Drucker (2003, p. 25), que considera o empreendedor um indivíduo inovador não apenas no campo econômico, mas também em outras áreas de atuação: "A inovação é o serviço específico dos empreendedores, o meio pelo qual eles exploram a mudança como uma oportunidade para um negócio ou um serviço diferente".

A busca permanente por mudanças e a percepção destas como oportunidades, observadas por Drucker, ampliaram o conceito que, àquela altura, já saía do campo de domínio exclusivo da economia e da administração para ganhar eco junto a estudiosos do comportamento. Na década de 1960, David McClelland, psicólogo social e pesquisador da motivação humana na Universidade de Harvard, Estados Unidos, traçou um paralelo entre as motivações dos empreendedores e a necessidade de realização.

Os estudos de McClelland demonstraram que o ser humano tende a repetir modelos dos quais toma conhecimento, e que os empreendedores têm em comum um conjunto de características pessoais que orientam seu comportamento, os quais podem ser reproduzidos por quem se interessar em seguir o mesmo caminho. É interessante notar que nenhum dos conceitos que surgem nega os antecedentes. Ao contrário, acrescenta novos ingredientes e chama a atenção para pontos que não foram tocados pelos pioneiros no estudo dessa disciplina. O canadense Louis Jacques Filion (1991), um dos mais atuantes pesquisadores desse tema, atribui ao empreendedorismo um papel rejuvenescedor na atuação das pessoas nas mais variadas áreas profissionais.

Filion chama a atenção para a imaginação, capacidade visionária do empreendedor, ao defini-lo como alguém que realiza e desenvolve visões.

Outros pesquisadores, evidentemente, acrescentaram suas contribuições à formulação de um conceito que não apenas explicasse o que vem a ser um empreendedor, como também vinculasse sua atuação ao papel que ele desempenha diante da sociedade. Na visão de Flávio de Mori, pesquisador da Universidade Federal de Santa Catarina, os empreendedores são pessoas que perseguem um benefício, trabalham individual e coletivamente. Podem ser definidos como indivíduos que inovam, identificam e criam oportunidades de negócios, montam e coordenam novas combinações de recursos (funções de produção), para extrair os melhores benefícios de suas inovações em um meio incerto (Mori *et al.*, 1998, p. 39).

O desenvolvimento dessas características, claro, é mais fácil nos ambientes que acolhem e valorizam o empreendedor. O tipo de sociedade, as formas de educação e a formação social podem estimular ou não o surgimento de empreendedores em uma família, cidade ou país. Filhos de pais empreendedores têm, naturalmente, mais chances de se tornar empreendedores do que as pessoas criadas em ambientes que não valorizam essas características (ver boxe p. 54). Pessoas que nascem em cidades ou regiões que estimulam as atividades empreendedoras podem encontrar mais facilidades para seguir esse caminho do que aquelas que nascem em culturas menos arrojadas no que diz respeito a esse aspecto. Por fim, um país que valoriza e apoia os empreendedores será, naturalmente, um lugar mais propício ao desenvolvimento dessas caraterísticas. Em outras palavras, a chance de desenvolvimento de uma atitude empreendedora será maior num ambiente em que a cultura empreendedora prevaleça.

CULTURA EMPREENDEDORA

Depois de deixar o salão escuro e, finalmente, começar a viajar pelo País das Maravilhas, Alice descobre um mundo cheio de curiosidades e completamente diferente da Inglaterra, seu lugar de origem. Nesse mundo ela conhece animais falantes e pessoas de comportamentos estranhos em comparação com os seus. O Chapeleiro Maluco, por exemplo, conversa com o tempo, e a Rainha de Copas só pensa em decapitar qualquer um que a contrarie. Os jogos não têm regras nem vencedores. Ali há um bebê que se transforma em porco, um gato que se torna invisível e uma lagarta fumante. Os soldados e os jardineiros são cartas de baralho, e todos adoram mandar Alice executar tarefas — sobretudo, recitar poemas.

É nesse ambiente de cultura completamente diversa da sua cultura original que ela começa a tomar iniciativas que não tomaria em sua casa. Ela se senta à mesa de chá do Chapeleiro Maluco sem ser convidada, entra na casa da Duquesa sem bater à porta, **fala o que pensa sem medo e passa a acreditar em coisas impossíveis.**

Cultura caracteriza a existência social de um povo, ou de grupos, no interior de uma sociedade. José Luis dos Santos, no livro *O que é cultura?*, explica que os conhecimentos produzidos, as ideias e crenças que possuem, bem como as maneiras de sua vida social são os componentes desse conceito.

Essa definição nos permite compreender os motivos da coexistência de diversas culturas dentro de uma mesma sociedade ou nação, ou que uma mesma cultura seja compartilhada por sociedades e nações diferentes. Até pouco tempo atrás, antes que a facilidade de comunicação proporcionada pelo mundo digital descomplicasse o acesso das pessoas a um conjunto de informações e de estímulos nunca experimentados antes, as características culturais eram menos compartilhadas — e ter contato com outras culturas exigia muito mais esforço do que exige nos dias atuais. No século XXI, a diversidade e a multiplicidade de grupos sociais tornaram-se características marcantes em diversas sociedades. As culturas tornaram-se mais dinâmicas, estão em constante mudança e sempre incorporam novos significados criados pelas pessoas por meio das relações sociais.

Num cenário como esse, pode-se intencionalmente construir novos valores, crenças e formas de convivência que levem à construção de uma nova cultura numa sociedade. Uma pessoa que não tenha origem numa família empreendedora ou não tenha nascido numa cidade empreendedora pode ter, pelos diversos canais disponíveis hoje em dia, acesso a informações que estimulem o desejo de incorporar essa característica. Quando isso acontece, o desenvolvimento de atitudes empreendedoras pode ser incentivado, e o espírito empreendedor das pessoas criativas, arrojadas e inovadoras, valorizado.

BRASIL DISTANTE DO PAÍS DAS MARAVILHAS

O Brasil, por um conjunto de razões históricas, culturais e econômicas, não é um ambiente dos mais favoráveis ao desenvolvimento do espírito empreendedor. Em nosso país, a ideia de apoiar o surgimento de novos negócios é historicamente recente, e a grande maioria das pessoas que inicia um novo negócio ainda recebe pouco apoio social, familiar e institucional. Até pouquíssimo tempo atrás, **a decisão de abrir um negócio próprio no país era determinada mais por uma necessidade de sobrevivência do que pelo desejo de realização**, diferentemente do que ocorria em outras sociedades.

Ainda não somos um país das maravilhas, mas, felizmente, o Brasil tem mudado. Para que a mudança se acelere e seja mais efetiva — isto é, para que a atitude empreendedora passe a ser propositiva, e não reativa a problemas socioeconômicos — é importante conhecer os elementos capazes de dificultar a disseminação dessa cultura e, com base neles, propor ações educacionais voltadas para o estímulo do empreendedorismo.

Fernando Dolabela aponta, em seu livro *Empreendedorismo: a viagem do sonho*, alguns obstáculos culturais a serem superados. Entre esses obstáculos ele assinala o desconhecimento da melhor maneira de identificar as oportunidades, o valor negativo atribuído ao trabalho e o fracasso como estigma. Segundo o autor, no Brasil os sonhos normalmente são desvinculados do mundo do trabalho, e o risco — que faz parte da própria essência do ato de empreender — é algo a ser evitado a qualquer custo. Para ele, o sucesso profissional no Brasil ainda é visto como uma consequência do clientelismo; ou seja, só ascende na carreira quem recebe alguma indicação. Além disso, para piorar (partindo do princípio de que toda empresa nasce pequena), o proprietário de uma empresa de pequeno porte não tem uma imagem positiva na sociedade.

Em seu livro, Dolabela quis deixar claro que, em nosso cotidiano profissional e social, existem comportamentos, normas e regras que reforçam maneiras de pensar contrárias ao empreendedorismo. Considerar o erro como sinal de fracasso — e não como uma chance de

Mitos sobre empreendedorismo na cultura brasileira

Por não ser uma caminhada fácil, e também pelo fato de poucos se tornarem efetivamente bem-sucedidos nessa atividade, criaram-se no Brasil muitas crenças e mitos que limitam a compreensão do ato de empreender e dificultam uma avaliação realista do papel do empreendedor. De um lado, existe uma generalização perigosa, que hipervaloriza os casos de sucesso e atribui aos empreendedores mais destacados o poder de heróis que conquistaram o sucesso e a riqueza num ambiente hostil. De outro, existe a demonização do empreendedor e a visão de que, se eles se dão muito bem num país em que a maioria das pessoas vai mal, é porque fizeram algo que contraria os padrões da ética e da honestidade. Tanto um quanto o outro extremo apenas mostram que ainda é preciso avançar um pouco mais na compreensão do papel do empreendedor.

Mito 1 – O empreendedor já nasce pronto.
Nascemos com uma capacidade definida e, dependendo do contexto social, educacional e cultural, os potenciais relacionados à atitude empreendedora podem ser desenvolvidos ou não. Um processo educacional voltado para o desenvolvimento dessa habilidade pode revelar novos empreendedores.

Mito 2 – Empreender é começar um negócio.
Ser empreendedor não é sinônimo de ter um negócio próprio. Um empreendedor abre uma empresa analisando bem a oportunidade e sonhando alto. A parte mais fácil é começar; a dificuldade está em levar a empresa adiante. No Brasil, a cada dez empresas abertas, quase cinco fecham em até dois anos de existência (Bedê, 2005).

Mito 3 – Empreendedores têm sorte para serem bem-sucedidos.
A sorte ajuda a quem batalha. Empreendedores de sucesso enxergam oportunidades onde poucos as veem, assumem riscos, são persistentes. Quando quebram ou fracassam, fazem disso um aprendizado para iniciar a próxima empreitada.

Mito 4 – Empreendedores são individualistas, egoístas.
Os empreendedores de sucesso criam uma rede de relações fundamental para seu empreendimento. No Brasil, 60% dos empresários têm sócios em suas empresas. Eles conquistam e lideram pessoas que os ajudam a construir um negócio. Um empreendedor deve ser autônomo e autoconfiante. Pode agir sozinho, mas conquista resultados coletivos.

Mito 5 – Empreendedores não têm patrão, são livres.
Dizem que quem tem clientes, tem muitos chefes. O empreendedor serve a muitos "senhores" (sócios, investidores, clientes, fornecedores, empregados, credores, família). Não tem hora, final de semana ou férias. Sua independência e liberdade não estão na atividade diária, mas sim na forma de ver o mundo.

Mito 6 – Empreendedores devem ser jovens e ter energia.
Devem, sim, ter energia e disposição, mas isso não está ligado à idade. A data de nascimento não é um obstáculo. A idade média de empreendedores no Brasil é de 37 anos, mas há exemplos de empreendedores de 70 ou 80 anos de idade que estão sempre buscando inovar. A experiência, a oportunidade e a iniciativa é que são importantes.

Mito 7 – Empreendedores só pensam no lucro.
Empreendedores de sucesso veem o dinheiro como meio de realizar seus sonhos, e a perspectiva de lucro é sempre em longo prazo. Sua motivação imediata é empreender, criar algo que os realize como pessoa, que os torne independentes e bem-sucedidos. Ganhar dinheiro é importante, mas é consequência do sucesso do empreendimento.

aprendizado — ou optar por atividades de baixo risco, em lugar daquelas capazes de proporcionar maior crescimento, faz parte de valores culturais que até podem ser justificados pela história e pelas características do ambiente político e econômico do país. No entanto, sem sombra de dúvida, são limitadores da possibilidade de crescimento e de um desenvolvimento pessoal mais acelerado.

O que sustenta a atividade empreendedora em um país é a existência de um conjunto de valores sociais e culturais capazes de estimular e encorajar a criação de novas empresas. Por isso, devemos promover novos valores entre aqueles que, no Brasil, são vistos como instrumentos fundamentais de realização pessoal — como emprego em grandes corporações, estabilidade financeira e aposentadoria rápida. Repensar alguns desses valores, que habitam o desejo das pessoas em nosso país, ajuda na mudança cultural a favor do empreendedorismo.

O EMPREENDEDORISMO

"Empreendedorismo" vem da palavra inglesa *entrepreneurship* e refere-se à disposição ou à iniciativa de implementar novos projetos ou transformar projetos já existentes – ou seja, ao espírito ou à força empreendedora. Qualquer que seja o sentido atribuído a essa palavra pelos profissionais que lidam com o assunto, o certo é que o termo "empreendedorismo" assumiu um significado qualitativo, referindo-se a **pessoas com propensão e habilidade para criar, renovar, modificar e conduzir projetos inovadores.**

Os autores que se dedicam ao tema também têm se mostrado de acordo em relação à possibilidade de se implantar em ambientes educacionais onde não apenas sejam ensinadas as novas profissões que estão surgindo, como também novas formas de atuação profissional. Algumas instituições de ensino que se preocupam em estimular o empreendedorismo durante a formação profissional criam sua própria definição para nortear sua rede de docentes.

É, portanto, possível, desejável e necessário construir, a partir da educação, uma cultura que inclua a inovação, a iniciativa, a criatividade e o risco como modelos de atuação e, assim, reforçar o significado positivo da atitude empreendedora. Peter Drucker (1987) considera que qualquer indivíduo pode aprender a ser um empreendedor, desde que, diante de uma decisão que tenha de tomar, se comporte de forma empreendedora. Para ele, o espírito empreendedor tem como base o conceito e a teoria, e não a intuição.

TIPOS DE EMPREENDEDORES

Está cada vez mais claro, portanto, que o mundo do trabalho tem exigido, de forma constante e intensa, que todas as pessoas ajam como empreendedoras. Isso vale, naturalmente, para quem deseja correr o risco de tocar seu próprio negócio e também para os que buscam o desafio de fazer uma carreira de sucesso nas empresas já instaladas e prósperas. Os ambientes corporativos devem, de qualquer forma, sempre acompanhar o ritmo de atualização e de mudanças que a sociedade atravessa em escala mundial.

Nesse cenário, já é possível verificar a visão empreendedora em todas as posições profissionais, até mesmo naquelas que, por definição, não estão identificadas com pessoas que demonstrem essa característica.

Se alguém, portanto, procurar descobrir qual é o ambiente profissional mais adequado ao desenvolvimento de empreendedores nos dias de hoje, a resposta é simples: eles podem estar em toda parte, mas não têm a obrigação de estar em nenhum lugar específico. Hoje em dia, é possível perceber a atitude empreendedora em administradores públicos que agem com o propósito de atender melhor o cidadão e diminuir o custo dessa atividade para proteger o Estado. Eles também estão presentes em projetos que atendem demandas sociais, mas que não estão ligados diretamente ao Estado. No chamado terceiro setor, as organizações não governamentais mais bem-sucedidas são resultado, evidentemente, da atitude empreendedora que escolheram para atuar na sociedade.

O EMPREENDEDOR DE NEGÓCIO

No caso específico das empresas, a atitude empreendedora atualmente é obrigatória para quem está no topo, necessária para quem ocupa os escalões intermediários e vem se tornando pré--requisito para quem deseja ingressar nas organizações. Desse espírito empreendedor disseminado depende o sucesso de uma organização e, por consequência, a própria manutenção dos postos de trabalho que ela oferece.

O Brasil tem sido, cada vez mais, um espaço aberto para os empreendedores clássicos — ou seja, para aquele tipo de profissional que, de acordo com o GEM (sigla em inglês para *Global Entrepreneurship Monitor*, ou Monitor Global do Empreendedorismo), é criador e proprietário de um negócio que gera empregos e riquezas para a sociedade (Greco, 2009). Entre alguns nomes de destaque (citados aqui apenas com a intenção de reforçar o conceito e deixar claro de que tipo de empreendedor estamos falando neste momento), é importante citar os de Caito Maia, Luíza Trajano e Gislene Mesiara.

Entre os três, **Luíza Trajano** é o nome de maior visibilidade. Ela começou a trabalhar aos 12 anos como balconista da loja de presentes de sua tia Luiza, na cidade de Franca, interior de São Paulo. No início dos anos 1990 (um período em que o Brasil se via mergulhado numa grave crise econômica), assumiu a superintendência da rede Magazine Luiza, que na época contava com trinta lojas.

Com soluções criativas e uma presença forte no mercado eletrônico, ela transformou a Magazine Luiza numa das mais importantes redes de varejo de eletrodomésticos e móveis do Brasil. A empresa destaca-se atualmente por ter se firmado nos mercados mais competitivos sem abrir mão do estilo simples e direto de gestão de um negócio que teve sua origem em uma cidade do interior do estado de São Paulo.

O destaque de **Caito Maia,** por sua vez, foi combinar o estilo e o atendimento personalizado (atributos identificados com as grifes mais caras) na Chilli Beans, empresa que começou vendendo óculos de sol a preços acessíveis em mercados alternativos e em quiosques modestos em *shopping centers*. **Gislene Mesiara,** por sua vez, era uma executiva bem-sucedida, com uma carreira de onze anos no mercado financeiro, quando resolveu transformar sua paixão — o paisagismo — em profissão. Movida pela ideia de que a cidade de São Paulo, mesmo com a presença ostensiva do concreto, poderia ser menos cinzenta, criou a Quadro Vivo. A empresa desenvolve técnicas de plantio vertical com base em um sistema inovador de impermeabilização de paredes e de irrigação. Em 2004, Gislene Mesiara foi agraciada pelo Prêmio Sebrae Mulher Empreendedora do estado de São Paulo.

O EMPREENDEDOR SOCIAL

O empreendedor social, por sua vez, é uma pessoa visionária, criativa, prática e pragmática, que sabe como ultrapassar obstáculos para criar mudanças sociais significativas e sistêmicas. É, na visão da Ashoka (organização sem fins lucrativos que apoia empreendedores sociais, atua em 52 países e está presente no Brasil desde 1986), alguém que tem uma proposta verdadeiramente inovadora, com resultados de impacto social positivo na região onde atua, e que adota estratégias concretas para a disseminação dessa ideia, nacional ou internacionalmente.

Uma das empreendedoras sociais mais conhecidas e bem-sucedidas é a psicóloga **Viviane Senna,** irmã do campeão de Fórmula 1 Ayrton Senna. Depois da morte do irmão, em 1994, ela assumiu a presidência do Instituto Ayrton Senna, dedicado a proporcionar educação de qualidade em áreas carentes e tradicionalmente desassistidas. Em cerca de duas décadas de atuação, o instituto atendeu mais de 15 milhões de crianças em 25 estados brasileiros, trabalhando, basicamente, com recursos próprios e doações de empresas privadas.

São, também, empreendedores sociais de destaque o paulistano **Wellington Nogueira,** fundador da ONG Doutores da Alegria, voltada para melhorar a qualidade de vida de crianças hospitalizadas, e o carioca **José Júnior,** fundador do Centro Cultural Afroreggae. A proposta do Afroreggae é a transformação social por meio da arte em ambientes marcados pela exclusão social, pelo narcotráfico e pela violência.

INTRAEMPREENDEDOR

Finalmente, os empreendedores corporativos, ou intraempreendedores, **são funcionários e/ou colaboradores que se comportam como empreendedores em benefício próprio e da empresa.**

A definição foi feita pelo Instituto Brasileiro de Intraempreendedorismo e diz respeito a pessoas como Luiz Carlos Trabuco Cappi, presidente do Bradesco. Filho de um caminhoneiro de Marília, cidade do interior de São Paulo, Trabuco ingressou no Bradesco com 18 anos, como aprendiz de escriturário, e passou por todas as funções e cargos da empresa até chegar a diretor. Formado em filosofia, com pós-graduação em sociopsicologia, Trabuco chegou à presidência do banco Bradesco depois de transformar a área de seguros (que liderou por cerca de cinco anos) numa das mais importantes, consolidadas e lucrativas dentro da organização.

Há dezenas de histórias de sucesso nesse campo, como a do mineiro de

Belo Horizonte, Lázaro Carmo Júnior, que estudou história e marketing, trabalhou na indústria farmacêutica e passou pela Natura antes de assumir, no ano de 2008, a presidência da Jequiti, empresa de cosméticos do Grupo Silvio Santos. Sob seu comando, num momento em que a má gestão dos negócios financeiros quase aniquilou o grupo, a Jequiti prosperou e saltou de um faturamento de R$ 20 milhões para mais de R$ 400 milhões.

Por fim, é o caso de mencionar a cientista política Adriana Machado, que, depois de uma carreira relevante em diversas organizações, ingressou na GE em 2009 e, no ano seguinte, ajudou a trazer para o Brasil um dos mais importantes centros de pesquisa da empresa no mundo. Em dezembro de 2011, com 43 anos, Adriana Machado tornou-se a primeira mulher a comandar os negócios da empresa norte-americana no Brasil.

São casos interessantes que revelam alguns detalhes curiosos. O importante, no entanto, é observar que, em relação aos intraempreendedores, mesmo alcançando postos elevados e merecendo promoções sucessivas pelos resultados que alcançam, essas pessoas podem ser — e muitas vezes são — vistas como inadequadas de acordo com a cultura dominante dentro da organização. E não é raro encontrar aqueles que, mesmo tendo as características fundamentais do intraempreendedor, sofrem pressões para se amoldar ao estilo da maioria dos colegas.

Em 1999, o economista e empresário norte-americano Giffort Pinchot III (1989; 2004) criou dez mandamentos, apresentados a seguir, que são estratégias de ação para o intraempreendedor resistir às pressões e se impor num ambiente que não se mostre acolhedor às suas ideias. Ele também **aconselha aos que não conseguem espaço nem liberdade de ação a ir ao mercado e buscar colocação numa organização empreendedora.**

Os 10 mandamentos para intraempreendedores

1. Vá para o trabalho a cada dia disposto a ser demitido.

2. Evite quaisquer ordens que visem interromper seu sonho.

3. Execute qualquer tarefa necessária a fazer seu projeto funcionar, a despeito de sua descrição de cargo.

4. Encontre pessoas para ajudá-lo.

5. Siga sua intuição a respeito das pessoas que escolher e trabalhe somente com as melhores.

6. Trabalhe de forma clandestina o máximo que puder — a publicidade aciona o mecanismo de imunidade da corporação.

7. Nunca aposte em uma corrida, a menos que esteja correndo nela.

8. Lembre-se de que é mais fácil pedir perdão do que pedir permissão.

9. Seja leal às suas metas, mas realista quanto às maneiras de atingi-las.

10. Honre seus patrocinadores.

Fonte: Pinchot III (1989; 2004).

VERDES, CRIATIVOS E ARTESÃOS: UMA NOVA CLASSIFICAÇÃO

É possível concluir, a partir da leitura das últimas páginas, que há mais pontos em comum entre o empreendedor clássico, o intraempreendedor e o empreendedor social do que pode imaginar alguém que procure entender o empreendedorismo por sua aparência e não por sua essência. **Todas as pessoas que priorizam, em seu dia a dia, uma atitude inovadora e ousada, que buscam oportunidades e encontram soluções criativas para os problemas — e, com soluções, implementam projetos que geram consequências positivas para todos aqueles que estão direta e indiretamente ligados à sua ação – são empreendedoras.**

No quadro ao lado, estão listadas algumas especificidades dos três tipos de empreendedor. Como é possível perceber, a característica que os une é justamente o espírito empreendedor. As diferenças principais estão na área de atuação, na forma de olhar para a realidade e nas prioridades que elegem em relação à sua forma de agir e intervir profissionalmente.

CRITÉRIOS	EMPREENDEDOR	INTRAEMPREENDEDOR	EMPREENDEDOR SOCIAL
Sonho	Acredita que pode realizar seus sonhos, segue uma visão própria.	Alinha seus sonhos pessoais com a visão corporativa.	Compartilha do sonho de um grupo social e segue uma visão coletiva.
Contexto	Cria sua própria organização.	Atua dentro de uma organização.	Age de forma independente de uma estrutura organizacional.
Motivação	Interna – desafio e inovação.	Interna e externa – reconhecimento e inovação.	Externa – superar problema social, desafio e criatividade.
Resultados	Lucratividade.	Promoção profissional.	Atendimento ao usuário.
Foco	Individual – ego centrado.	Relacional – alteridade.	Grupal – altruísta.
Relações	Pessoas de fora da organização.	Pessoas de dentro da organização.	Pessoas da comunidade.

A definição de empreendedor, como fica cada vez mais claro, diz respeito mais ao olhar que a pessoa dirige aos desafios que encontra pela frente e à atitude que assume diante deles do que, propriamente, à profissão que ela escolhe ou ao tipo de atividade que desempenha. No filme *Alice no País das Maravilhas* dirigido por Tim Burton (2010), que mescla situações dos dois livros de Lewis Carroll, a jovem Alice, depois de recusar o que parecia ser o sonho de todas as moças de sua época — casar-se com um jovem nobre e rico —, assume o comando de um navio e parte para abrir uma rota de comércio entre Inglaterra e China. Pela determinação com que ela entra no barco e assume seu posto no convés da embarcação, o espectador tem certeza de que a empreitada terminará coroada de êxito.

É o mesmo brilho que se percebe nos olhos de pessoas que iniciam novos negócios. Como vemos na segunda década do século XXI, a expansão da atividade econômica e o surgimento de demandas, que antes não se faziam notar de forma mais ostensiva no mercado de trabalho, deram origem a uma série de definições para os empreendedores, que começaram a ser classificados conforme seu campo de atuação ou seu foco de interesse.

Hoje em dia, é comum ouvir falar no empreendedor verde, cujo negócio é voltado para a sustentabilidade ambiental (como acontece com as empresas de cosméticos baseadas em produtos naturais ou em geradoras de energia a partir de fontes limpas), e no empreendedor artesão. A motivação deste está em buscar a perfeição na elaboração do produto (como acontece com as vinícolas ou com os produtores de joias). Há também o empreendedor "estilo de vida": sua meta é manter uma empresa saudável, que lhe permita a renda necessária para levar uma vida saudável e equilibrada, por exemplo, numa pousada em um lugar paradisíaco, num restaurante na montanha ou numa operadora de mergulho em uma praia tranquila. Há também o empreendedor criativo, cujo negócio resulta do exercício de sua imaginação e criação. É o caso das empresas prestadoras de serviços que geram facilidades para os usuários, serviços voltados para a moda, arte e cultura. Duas ou mais classificações como essa podem estar combinadas numa mesma pessoa. Alguém que, por exemplo, monte uma pousada sustentável, com uma cozinha orgânica em um ponto charmoso de uma montanha, merece qual das classificações descritas? Como se percebe, **mais importante do que a área de atuação são a decisão e a atitude de empreender.**

CLASSIFICAÇÃO DOS EMPREENDEDORES CLÁSSICOS

Outra forma de identificar o empreendedor clássico — ou seja, aquele que é dono do próprio negócio — é pela motivação que o levou a abrir sua empresa. O GEM, que realiza o maior estudo independente sobre a atividade empreendedora do mundo, investiga a taxa de empreendedorismo na maioria dos países e divide o empreendedor em três categorias (Greco, 2009):

- ✓ **EMPREENDEDOR POR NECESSIDADE:** pessoa que abriu sua empresa movida pela necessidade de subsistência a partir de uma situação de desemprego ou de falta de oportunidades no mercado.
- ✓ **EMPREENDEDOR POR OPORTUNIDADE:** pessoa que identificou uma oportunidade de realização pessoal abrindo uma empresa.
- ✓ **AUTOEMPREENDEDOR:** proprietário que conduz sozinho suas empresas. Não tem empregados. Normalmente são profissionais liberais ou ex-assalariados que assumiram função de consultores e prestadores de serviços terceirizados para grandes empresas.

Para se orientar nesse ambiente é preciso, às vezes, fazer como a menina Alice, que, nos momentos de dúvida sobre sua identidade ou sobre seu tamanho, busca ajuda dos personagens que encontra pela frente e que podem

Seja qual for a motivação para se tornar um empreendedor clássico, é importante saber que o processo de criação e manutenção de uma empresa não é fácil. Há trabalho árduo e sem remuneração por um longo período. Por essa razão, muitos empreendedores bem-sucedidos atribuem à atitude que tiveram durante o processo o fator mais importante de seu sucesso. Numa pesquisa realizada pelo professor de empreendedorismo da Babson, Jeffry Timmons, em 1994 (*apud* Dolabela, 1999, p. 64), entre os fatores identificados e transformados em conselhos pelos próprios empreendedores de sucesso estão os seguintes:

orientá-la na empreitada. Os conselhos que ouve da Lagarta Azul, do Chapeleiro Maluco e do Gato de Cheshire, embora não sejam precisos, são preciosos e acabam contribuindo para que ela — com base em seus conhecimentos e valores — escolha o roteiro que pretende seguir em suas aventuras. O mundo dos negócios é um ambiente em que as pessoas precisam estabelecer relações de confiança mútua. Nesse caso, para melhor aproveitar as oportunidades oferecidas pelo relacionamento com outras pessoas empreendedoras, e também para reduzir o risco da própria caminhada, é aconselhável traçar um mapa de atitudes para se orientar pelo caminho.

Faça o que lhe dá energia, divirta-se. Imagine como fazer algo funcionar. Diga: "posso fazer" em lugar de "não posso" ou "talvez". Qualquer coisa é possível se você acredita que pode fazê-la. Veja o copo meio cheio, e não meio vazio. Fazer dinheiro é mais divertido que gastá-lo. Faça da oportunidade e dos resultados sua obsessão. Tenha orgulho de suas realizações, isso é contagiante.

O BILHETE PARA A VIAGEM EMPREENDEDORA COM ALICE

Todas as definições formuladas ao longo da história ajudam a entender as características que fazem com que alguém possa ser considerado um empreendedor. Contudo, todas elas, a partir de um determinado momento, esbarram numa limitação que, se por um lado não as invalida, por outro mostram que o conceito pode avançar um pouco mais.

O substantivo empreendedor, de acordo com o conceito de atitude empreendedora que vimos ainda há pouco, diz respeito à pessoa que assume uma postura inovadora e criativa em determinado ambiente e que, ao agir assim, gera valor para si e para a comunidade. Ampliando um pouco mais essa visão, podemos dizer que empreendedor é aquele que age em sua empresa, escola, cidade e trabalho buscando soluções criativas para os problemas e mudando, assim, a sua própria condição de vida e também a de outras pessoas para melhor.

Ocorre que, tanto na vida como na gramática, empreendedor pode ser, também, o adjetivo utilizado para qualificar a atitude de um profissional de qualquer área, ou de alguém que, ao desempenhar sua função numa organização, o faz de forma empreendedora. Um prefeito pode ser empreendedor. O reitor de uma universidade também. Um gerente de uma grande empresa pode se destacar em relação aos colegas justamente por desempenhar suas funções de forma empreendedora. O mesmo vale para os professores, médicos ou qualquer profissional que, por sua atuação inovadora, seja capaz de agregar valor aos que estão à sua volta. Pessoas assim são reconhecidas em seu papel profissional pela atitude empreendedora. E quando sua forma de agir é reconhecida pela comunidade, pelos empregados, subordinados, alunos, colegas, vizinhos ou pela sociedade como um todo, pode-se dizer que essa pessoa desempenha com competência seu papel de empreendedor.

Em resumo, o empreendedor é um realizador. Ele mobiliza suas forças e recursos pessoais para identificar oportunidades de atuar de forma criativa e diferenciada. Promove o desenvolvimento de seu ambiente social e cria novos processos e padrões. É capaz de revolucionar o modo de ver e agir no mundo à sua volta. **Pessoas que agem dessa maneira são atores sociais fundamentais para qualquer grupo social em que atuem.**

A pergunta que você deve estar se fazendo neste momento é: "E eu? Será que sou um empreendedor?" A resposta, como aquela que Alice dá no seu primeiro diálogo com a Lagarta Azul, pode ser evasiva. Mas, de certa forma, é extremamente simples. Para saber se somos ou quanto falta para sermos empreendedores, a chave é o autoconhecimento. Precisamos ter a noção de quais são nossos pontos fortes e o que precisamos desenvolver e aprender para nos tornarmos empreendedores. E para isso precisamos, como Alice, viajar pelo mundo mágico e complexo do País das Maravilhas.

É importante observar que, para efeito deste livro, o conceito de empreendedor vai muito além do significado que essa palavra assumiu no Brasil nos últimos anos. Para muitos de nós, empreendedor é aquela pessoa que abre uma pequena empresa e se mantém com os recursos extraídos dessa empreitada. O conceito, no entanto, é muito mais amplo e vai muito além dessa visão estereotipada. Empreender, mais do que a decisão de abrir um negócio próprio, trata-se de uma forma específica de ver e agir no mundo gerando riqueza.

De um modo geral, os estudos dedicados a esse assunto apontam as características que fazem de alguém um empreendedor, mas não revelam como essas características são postas em prática. Existem pessoas que, por motivos variados, parecem não precisar de nenhum esforço ou aprendizado para serem empreendedoras. São os chamados empreendedores natos. Por atributos de personalidade, ou por influência familiar ou social, eles nasceram prontos para o desafio de empreender, e se saem bem nessa missão. Sim, eles existem. No entanto, as oportunidades não existem só para eles, e mesmo os que não se consideram preparados para essa tarefa podem desenvolver sua potencialidade e adquirir as competências técnicas que os levarão a realizar projetos inovadores. O primeiro passo para desenvolver uma atitude empreendedora é se propor a ter essa atitude.

Conforme se verá nos próximos capítulos deste livro, existem três dimensões que contribuem de forma interativa para o desenvolvimento do papel do empreendedor ou, para aquele que é um empreendedor nato, para o aprimoramento de sua atuação. Nenhuma delas é mais importante do que a outra e é preciso que todas as três estejam presentes para que um empreendimento ou uma carreira profissional alcance sucesso. Aquele que pretende se tornar um empreendedor precisa verificar se essas três dimensões já estão incorporadas à sua bagagem pessoal. E, caso não estejam, é necessário entender que é possível desenvolver cada uma delas — para que a viagem se torne mágica e bem-sucedida, como foram as jornadas de Alice pelo País das Maravilhas.

> Durante todo esse tempo, o Guarda observa Alice, primeiro através de um telescópio, depois com um microscópio e depois com um binóculo. Finalmente intervém na conversa e diz: "Você está na direção errada".
> (Carroll, 2009, p. 191)

Essa é uma passagem do livro *Alice através do espelho*, no momento em que a protagonista cai dentro de um trem que deverá levá-la a seu destino. O trem atravessa um jardim em forma de tabuleiro de xadrez, cujas casas são formadas por terrenos quadrados separados por riachos. Durante o trajeto de uma casa para outra, surge um guarda que pede os bilhetes de viagem aos passageiros. Todos os apresentam, menos Alice. Começa ali uma discussão em que todos a criticam por estar sem sua passagem.

Sentado diante dela, um cavalheiro, cuja roupa era feita de papel branco, diz que ela precisa saber em que direção está indo, e recomenda-lhe que desça do trem e compre uma passagem de volta. A menina se mostra perdida e confessa que nem mesmo sabia o que estava fazendo dentro do trem.

Assim como o Guarda do trem fez ao analisar Alice, muitas vezes precisamos recorrer a alguns instrumentos que nos ajudem a entender se estamos na direção certa ou se seguimos por um

caminho que não conduzirá a lugar algum. Tanto o microscópio quanto o binóculo, ou o telescópio, podem ajudar a nos orientar pelas três dimensões da viagem empreendedora.

A primeira dimensão é a técnica. Nela estão os elementos de nossa personalidade, os atributos psicossociais, os conceitos e as referências. A lente mais adequada para procurar essa dimensão em nossa bagagem é a do microscópio — que amplia os detalhes e revela com precisão os pontos positivos e os pontos negativos. Nessa etapa, a pergunta que nos acompanhará é aquela que a Lagarta Azul faz para Alice quando esta chega ao País das Maravilhas: "Quem é você?". O propósito é se aprofundar, ampliar o conhecimento e o domínio sobre si e sobre os temas relacionados a seu íntimo. A dimensão técnica é o âmbito da qualidade, da especialização, do saber fazer.

A segunda dimensão é a estratégica. É constituída de elementos que nos projetam para o mundo, que ampliam nossa visão como se utilizássemos um telescópio para enxergar o que está mais adiante e os obstáculos que podem dificultar nossa jornada. Nessa etapa, construiremos a resposta para a pergunta que o Gato de Cheshire, um dos personagens que Alice encontra em sua caminhada, faz à menina: "Aonde você quer chegar?". É possível desenvolver essa visão, abrir a mente, estimular a imaginação e criar novos e diferentes objetivos de vida. A dimensão estratégica é o âmbito do sonho e da ousadia.

A terceira dimensão é a pragmática. Nela estão presentes os elementos de controle, de organização e de conhecimento que podem classificar e estruturar a ação empreendedora. Como se olhássemos o mundo com um binóculo, para identificar cada detalhe e colocar cada coisa em seu lugar. O propósito, ao desenvolvermos essa dimensão, é construir os ferramentais de comportamento que promovam o planejamento e ajustem nosso foco nos objetivos por nós estabelecidos. E, assim como a Lagarta Azul perguntou a Alice, descobrir: **"De que tamanho você quer ser?"**.

Códigos culturais: podemos criar nosso genoma empreendedor

Depois de constatar que havia perdido toda a sua mesada no caminho para a escola, Pedro, de 10 anos, chegou em casa chateado. Falou com a mãe em pedir dinheiro para seu pai novamente, mas foi desaconselhado por ela, pois havia regras para a mesada e, acontecesse o que fosse, seu pagamento era apenas quinzenal. Pedro foi para o quarto e algumas horas depois voltou a falar com a mãe: "Tive uma ideia! Se pedir dinheiro emprestado para meu pai para comprar uma cafeteira, faço uma rifa, recupero meu dinheiro e pago meu pai em três dias". Sua mãe, então, disse: "Fale com seu pai, acho que dará certo". Assim foi feito: seu pai emprestou o valor referente à cafeteira e ao talão de rifa.

Pedro passou dois dias vendendo a rifa a seus parentes, vizinhos e amigos da família. Ao completar o talão, estava na casa de seus avós. Entregou o prêmio, conferiu seu faturamento, separou o dinheiro para devolver ao pai, recuperou sua mesada e ainda disse aos avós: "Sobrou mais dinheiro, vou à lanchonete comer um salgado com refrigerante para comemorar". Além disso, para surpresa de sua mãe, ele chegou em casa de táxi. E foi logo dizendo: "Deu tudo certo! Já posso pagar o pai!".

Quando ouvi essa história da mãe de Pedro, durante um almoço, tive certeza de que a atitude empreendedora é algo presente em nossa sociedade e está sendo desenvolvida por diversos grupos sociais. Pedro é um exemplo disso. Algumas pessoas dirão: "Ele nasceu assim". Outras perguntarão: "O que faz esse menino agir assim?". Atitude é a forma de agir, fazer escolhas e tomar decisões sobre uma situação com base em um conjunto de valores, percepções, emoções e algumas características pessoais desenvolvido em um contexto cultural.

Decidir agir de forma proativa, inovadora, e agregar valor para si e para as pessoas à sua volta é o que chamamos de atitude empreendedora. No caso de Pedro, além dos elementos culturais presentes no seu grupo familiar e social, ele próprio desenvolveu algumas características comportamentais que compõem a base para uma atitude empreendedora. Diante de uma adversidade — a perda da mesada —, ele traz para si a responsabilidade de resolver o problema, não atribui a ninguém a culpa pela perda, nem mesmo espera que outra pessoa faça algo por ele; na psicologia social, isso é denominado internalidade. As pessoas atribuem um lócus de controle interno ou externo para o grau de domínio sobre os fatores que determinam o êxito ou o fracasso de sua atuação. As pessoas empreendedoras têm a disposição de atribuir a si mesmas o controle sobre os próprios esforços e os resultados conquistados nas situações em que estão envolvidas.

Existe um conjunto de características comportamentais que é fundamental para o desenvolvimento da atitude empreendedora. A atitude de uma pessoa está diretamente vinculada à cultura da qual ela faz parte. Se o contexto propicia condições de manifestações mais empreendedoras, as pessoas se sentirão motivadas a agir dessa forma.

Construímos nossos valores, crenças, modelos mentais e manifestações emocionais durante a convivência com os diversos grupos de pessoas: família, escola, amigos, etc. Esses elementos culturais são incorporados desde que nascemos, e na maioria das vezes, de forma inconsciente, compartilhamos com nossos semelhantes as mesmas formas de sentir, pensar e agir. Desde a infância temos algumas crenças, coisas de família. No entanto, algumas formas de pensar, aprendidas com nossos professores, são mais recentes. E, assim, vamos incorporando novos elementos culturais durante toda a vida. Isso faz com que a cultura seja dinâmica, e seus elementos, passíveis de modificação, seja pelo tempo, seja pela necessidade dos grupos sociais.

Como pretendemos criar um ambiente empreendedor, é fundamental que tenhamos uma cultura que facilite e estimule atitudes semelhantes às de Pedro, que desde criança busca formas criativas de protagonizar sua vida. Para isso é necessário que haja uma mudança cultural, e ela só será possível se conhecermos profundamente o que nos faz ser do jeito que somos. O primeiro passo é identificarmos nossos códigos culturais. De modo breve, códigos culturais são os significados que estão impressos de forma inconsciente na forma de agir de um determinado grupo social, povo ou nação. É um sistema de referência composto de imagens, símbolos e significados que atribuímos a conceitos, fatos e objetos, e que forma uma linguagem pela qual agimos diante de situações de maneira semelhante à de pessoas de nossa cultura. É como o código genético: cada um de nós tem um conjunto de informações hereditárias que nos imprime uma forma de ser como humano. O genoma humano apresenta-se em 23 pares de cromossomos que definem desde a cor dos nossos olhos até a nossa propensão a alguns tipos de doenças ou à proteção contra elas. Por meio do genoma, podemos obter todas as informações para o desenvolvimento e o funcionamento do nosso organismo.

Os códigos culturais estão impressos e determinam o funcionamento de uma coletividade, moldando a forma de agir de um grupo social. São os significados relativos às situações de vida, construídos e conectados entre todos os membros de uma mesma cultura. Normalmente esses elementos se estabelecem coletivamente de maneira consciente, e todas as pessoas agem de forma semelhante, bem como atribuem os mesmos significados, diante de um determinado fenômeno. Por exemplo, para alguns grupos sociais, o trabalho tem significado de sofrimento, portanto, a pessoas de uma comunidade em relação aos fatos e aos significados que são apropriados por elas em sua relação com o mundo. **A família e a escola têm papel fundamental no que se refere à construção de um código cultural para a atitude empreendedora – o genoma empreendedor.** Nossa prioridade são os jovens, cujo conjunto de valores e crenças está em processo de formação, podendo, assim, redefinir os significados de sua forma de perceber e agir no mundo. É possível, então, começarmos pelas características comportamentais que podem ser desenvolvidas nas relações de aprendizagem, no processo educativo.

forma de agir em relação ao trabalho é de evitação de algo penoso, o que lhes prejudica a vida. Para outros, o trabalho pode ter um significado de realização e, desse modo, a relação será de prazer e de valorização. Esses significados são códigos culturais. E, em se tratando de empreendedorismo, como está nosso código cultural?

Nossos códigos culturais atuais propiciam a manifestação e o desenvolvimento de atitudes empreendedoras? Precisamos criar novos códigos? Por meio de um mapeamento, é possível conhecer o modelo mental, a forma de pensar e de sentir das

SEGUNDA PARTE
DIMENSÃO
TÉCNICA

ALICE E A LAGARTA AZUL: QUEM É VOCÊ?

O diálogo com a Lagarta Azul não começou de forma muito animadora para a menina Alice. Depois de se ver presa na sala escura e quase se afogar nas próprias lágrimas, a menina procurava uma maneira de voltar ao tamanho normal quando se deparou com um cogumelo "quase da sua altura". Olhou embaixo e dos lados do cogumelo para ver se encontrava alguma coisa e, como nada viu, achou uma boa ideia olhar em cima dele para ver se achava algo que lhe pudesse ser útil. E viu, então, a lagarta "de braços cruzados, fumando um comprido narguilé", sem dar a menor importância à sua presença. Tudo o que a lagarta fez foi perguntar a Alice, com uma voz lânguida e sonolenta, "quem é você?" (Carroll, 2009, pp. 53-55).

A menina respondeu que não sabia ao certo. Disse que, ao acordar naquela manhã, ela sabia. Mas havia mudado muitas vezes desde então e, naquele momento, ela receava não ser ela mesma. O diálogo que se segue é aparentemente estranho, mas repleto de perguntas que, de vez em quando, fazemos a nós mesmos. A Lagarta Azul, como outros personagens com os quais a menina se depara em sua viagem pelo País das Maravilhas, entra e sai mais de uma vez da história e, sempre que aparece, é para perguntar se, de fato, Alice se conhece. Seu papel é de um provocador, que leva a menina a pensar sobre sua identidade e seu desenvolvimento pessoal. E a pergunta que ela faz, a despeito de parecer extremamente simples, é uma das mais difíceis que podem existir no caminho de quem deseja iniciar uma jornada empreendedora.

A dimensão técnica abrange o conjunto de elementos que estão voltados para a definição daquilo que somos como pessoas e, em consequência, para a identificação de nossa capacitação para empreender. Nela estão contidos todo conhecimento e toda habilidade que acumulamos ao longo da vida. Esses elementos são itens essenciais da bagagem que levaremos em nossa aventura empreendedora. A dimensão técnica inclui as habilitações profissionais, nossas aptidões, nosso talento e, sobretudo, nossa capacidade de melhorar mesmo depois de nos considerarmos prontos para a empreitada. Podemos levar em conta que essa dimensão está relacionada ao capital humano; ou seja, àquilo que temos de valor para nos tornarmos empreendedores. Isso diz respeito à nossa experiência, ao nosso conhecimento, aos nossos atributos de personalidade e a tudo que nos torna especiais — ou seja, aquilo que nos diferencia das outras pessoas.

IDENTIDADE PESSOAL

> Então quem sou eu? Primeiro me digam; aí, se eu gostar de ser essa pessoa, eu subo; se não, fico aqui embaixo até ser outra pessoa.
>
> (Carroll, 2009, p. 27)

Adquirir consciência das próprias potencialidades, conhecer as próprias limitações, saber controlar as reações emocionais em situações difíceis ou confiar na própria capacidade de lidar com um desafio não é um processo simples e, naturalmente, demanda uma boa dose de persistência e dedicação pessoal. Investir no autoconhecimento é algo ainda pouco valorizado em nossa cultura. Normalmente somos estimulados a fazer um novo curso, a aprender um novo idioma, a aprofundar o domínio sobre uma determinada ferramenta e a "não perder tempo" refletindo sobre nós mesmos ou sobre a melhor forma de colocar em prática o conhecimento que adquirimos. Mas se o desafio em questão é o desenvolvimento de uma atitude empreendedora, o passo imprescindível — aquele do qual dependerá o resultado final da jornada — é procurar responder à pergunta da Lagarta Azul: *Quem é você?*

O passo seguinte, e tão importante quanto o anterior, é ter a consciência de que, de fato, queremos crescer e amadurecer; se de fato queremos, no final das contas, mudar nossa vida e assumir o papel de empreendedor. Isso porque muita gente inicia uma jornada empreendedora sem desejar realmente seguir esse caminho. E quando isso acontece (ou seja, quando vem o resultado indesejado), as pessoas procuram transferir suas responsabilidades para o cenário externo ou para as dificuldades do mercado, e quase nunca se preocupam em descobrir o que poderiam ter feito de diferente para evitar os erros.

É justamente por ser tão fundamental que essa dimensão não pode sofrer os efeitos de um de seus inimigos mais conhecidos: o autoengano. Para desenvolver o autoconhecimento, é preciso aprimorar a capacidade de fazer uma avaliação crítica permanente em relação aos próprios atributos, e saber quais deles podem ser úteis ao longo dessa viagem, quais devem ser melhorados, quais devem ser descartados e quais devem ser mantidos exatamente como estão.

A HORA DE SE VER ATRAVÉS DO ESPELHO

"Ada com certeza não sou", disse, "porque o cabelo dela tem cachos bem longos, e o meu não tem cacho nenhum; é claro que não posso ser Mabel, pois sei todo tipo de coisas e ela, oh! sabe tão pouquinho".
(Carroll, 2009, p. 26)

Autoconhecimento, autoimagem, autoestima e autoconfiança são expressões frequentemente utilizadas como sinônimos — muito embora cada uma delas tenha seu próprio significado e sua própria importância no processo que nos levará a responder com alguma segurança à pergunta feita pela Lagarta Azul. E as pessoas normalmente acreditam que todas essas expressões dizem respeito a um sentimento que remotamente significa gostar de si mesmo e acreditar na própria capacidade. Na verdade, embora não sejam sinônimos, todos esses conceitos estão interligados e relacionados a dimensões específicas da identidade de uma pessoa.

Para que alguém conheça a própria identidade de forma positiva, cada um desses aspectos deve ser posto em seu devido espaço e, de forma sinérgica com os demais, a serviço do mesmo objetivo. É importante nos determos um pouco diante de cada um deles para poder perceber qual é o mais e qual é o menos desenvolvido em nossa bagagem pessoal — e, assim, dedicar mais tempo e cuidado àquele que precisa de mais aprimoramento.

AUTOCONHECIMENTO

Conhecer a si mesmo é entender e identificar suas características pessoais, seus sentimentos, limitações e potencialidades perante situações da própria vida e da vida de outras pessoas. É a nossa opinião a respeito de nós mesmos.

Isso é muito importante. Muitas vezes as pessoas assumem como sendo suas as características que os outros identificam nelas. Se as pessoas ao seu redor enxergam e exigem de você os atributos da paciência e da tranquilidade, é muito provável que você exacerbe o desenvolvimento dessas características, ainda que perceba que, em determinados momentos, elas não refletem exatamente a reação que você gostaria de ter diante de um determinado problema. Da mesma forma, se você é apontado como alguém enérgico e impositivo, é muito provável que acabe aceitando a agressividade como parte de seu repertório, desenvolvendo essa característica de forma destacada, colocando-a em prática mesmo diante de situações em que é necessário agir com mais cautela.

É fundamental, portanto, identificar, entre as características que você possui, aquelas que lhe foram atribuídas e aquelas que de fato lhe pertencem, e fazer um levantamento detalhado de todas elas, dando tratamento equivalente às virtudes e aos defeitos, bem como estabelecendo seu grau de conforto diante de cada uma delas. Isso é fundamental para conhecer seus pontos fortes e seus pontos fracos — e, se for o caso, planejar como agir sobre eles para modificá-los. O mais importante é ter consciência das características que de fato são suas e distingui-las daquelas que, na sua trajetória, foram projetadas por outras pessoas e assimiladas por você sem que desejasse.

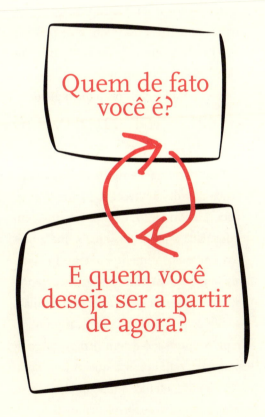

AUTOIMAGEM

Autoimagem é a estrutura conceitual referente ao modo como você se enxerga. **É a imagem que você constrói de si próprio para projetar-se no mundo,** ou a impressão que tem de si mesmo. Impressão é a imagem aparente, aquela que você tem a respeito de si e impõe a outras pessoas a partir dos elementos mais evidentes.

Se é verdade que, como diz o ditado, **"a primeira impressão é a que fica"**, isso significa que aceitamos ou rejeitamos uma pessoa que acabamos de conhecer a partir da imagem que formamos dela. E essa imagem é formada a partir dos sinais que a pessoa emite no primeiro contato. Imagine alguém a quem você acaba de ser apresentado, que, na hora do aperto de mão, só oferece a ponta dos dedos, num gesto rápido, apressado e sem firmeza. Agora, pense em outra pessoa que, numa situação idêntica, oferece a mão inteira e retribui o seu aperto de forma firme e determinada. Que imagem fazemos de cada uma dessas pessoas com base nesse contato inicial? É evidente que no primeiro caso é transmitida uma imagem de timidez e insegurança, enquanto no segundo a pessoa se apresenta mais confiante e dinâmica. O julgamento a partir dessa primeira impressão pode ser apressado, e a conclusão, injusta. Mas isso é plenamente justificável, tendo em vista os sinais que foram transmitidos.

A autoimagem segue mais ou menos o mesmo princípio. A forma como nos percebemos nem sempre reflete aquilo que realmente somos. Ela baseia-se na impressão (ou nas impressões) que desenvolvemos de nós mesmos a partir das avaliações que recebemos dos outros ou dos julgamentos que são feitos com base em nosso sucesso ou fracasso diante dos desafios que enfrentamos. Nesse processo, alguns de nós temos o hábito de supervalorizar os aspectos mais positivos durante a autoavaliação e, claro, fechar os olhos para os pontos negativos. Outros, em comparação, fazem justamente o contrário. E o resultado desses processos, tanto daqueles que se supervalorizam quanto daqueles que se diminuem, costuma ser uma autoimagem distorcida, que não reflete aquilo que verdadeiramente somos.

Não é fácil ter uma imagem precisa de nós mesmos. A começar pelo aspecto mais concreto de todos, o da aparência física. Se pedimos a alguém que feche os olhos e imagine uma bola de futebol, uma maçã ou um determinado modelo de automóvel, o objeto imediatamente tomará forma em sua mente com detalhes extremamente exatos. Agora, se pedirmos a essa mesma pessoa que feche os olhos e tente se imaginar, o resultado dificilmente terá a mesma precisão. Mesmo que nos vejamos todos os dias diante do espelho, é muito difícil "imaginarmos nossa própria imagem".

A explicação para essa dificuldade é simples: algumas pessoas não conseguem ver a própria imagem com clareza porque nunca se deram ao trabalho de fazer esse exercício. A falta de prática é que explica o fracasso nessa tentativa. Um bom início para o desenvolvimento da percepção da própria imagem é procurar ter mais contato visual consigo mesmo. Passar a observar o corpo com mais atenção e ter a noção real de seus aspectos — tanto no que diz respeito à saúde quanto à aparência. A partir daí, começar a observar a própria linguagem corporal: como você se porta, como gesticula, quais são suas reações físicas diante das situações do dia a dia. Isso é fundamental. O corpo é a entrada dos estímulos externos. Quanto mais sensível e apurado for seu conhecimento a respeito de seus aspectos e reações físicas, melhor será sua integração com o contexto em que vive e com as pessoas à sua volta. Mais uma vez, a utilidade desse exercício é melhorar a percepção sobre si mesmo e avaliar os pontos que devem ser reforçados, bem como aqueles que devem ser alterados, para que sua imagem reflita aquilo que você realmente é.

Quanto mais positiva for sua autoimagem, melhor. Isso permite que nos aproximemos das pessoas com mais segurança e abertura.

A questão é: Como conseguir isso? É lógico que algumas providências conhecidas — como a prática regular de atividade física e os cuidados com a alimentação — têm reflexo sobre a maneira com que nos enxergamos, mas, infelizmente, seu efeito não é imediato. A resposta, portanto, está mais uma vez na avaliação criteriosa dos pontos fortes e fracos e na escolha dos aspectos a serem desenvolvidos para que possamos ter uma boa imagem de nós mesmos e, de modo evidente, fazer com que as outras pessoas nos vejam de forma mais positiva.

O importante é deixar claro que as outras pessoas nos perceberão de acordo com aquilo que mostrarmos a elas. O tipo de roupa que escolhemos, os cuidados pessoais, os gestos, o tom de voz, o jeito de falar, o jeito de andar e até a forma com que nos comportamos nas mídias sociais terão interferência direta na impressão que causamos. E essa impressão só estará sob nosso controle se for reflexo de nossa autoimagem.

AUTOESTIMA

Refere-se ao valor que uma pessoa atribui a si mesma e está relacionada a sentimentos positivos ou negativos, isto é, quanto uma pessoa gosta de si, do seu jeito de ser. É muito comum identificar autoestima apenas como um sentimento positivo. O próprio dicionário Houaiss da língua portuguesa identifica-a como a

No entanto, uma pessoa pode fazer uma má avaliação sobre si mesma e, assim, permitir que isso interfira nas suas relações e na interação com outras pessoas e com o mundo.

As pessoas com autoestima elevada são geralmente extrovertidas. Tomam as iniciativas de construir novos relacionamentos, são confiantes e percebem que o êxito e o progresso são possíveis e alcançáveis. Seus diálogos profissionais normalmente refletem conquistas e experiências positivas.

Na dimensão oposta, a autoestima baixa também tem seus sinais. De um modo geral, as pessoas que se encontram com baixa autoestima consideram os outros melhores do que elas e não se acham merecedoras de homenagens ou presentes. Esperam que os outros tomem a iniciativa na construção de um novo relacionamento pessoal ou profissional, pois sempre esperam ser escolhidas antes de

"qualidade de quem se valoriza, se contenta com seu modo de ser e demonstra, consequentemente, confiança em seus atos e julgamentos" (Houaiss, 2009).

escolherem. Suas conversas normalmente são voltadas para as dificuldades que enfrentam e sempre consideram que, para elas, pouco já é bom demais.

Nathaniel Branden, em seu livro *Autoestima no trabalho,* define esse atributo como "uma sensação de capacidade para enfrentar os desafios da vida e de ser digno da felicidade" (Branden, 1999, p. 37).

Desenvolver uma autoestima elevada (positiva) é, como outros pontos já observados neste livro, um ato de escolha. Ela depende das habilidades cognitiva e racional que aguçam nossa autopercepção e nos permitem construir um conceito mental sobre nós mesmos. O passo inicial para isso é adquirir, a partir da autoavaliação, a consciência daquilo de que gostamos em nós mesmos. E, claro, daquilo de que não gostamos.

Desenvolver uma afeição positiva por nós mesmos e ter uma boa avaliação pessoal aumenta nossa segurança e nos ajuda a investir em situações novas e desafiadoras.

Esses três aspectos compõem nossa identidade pessoal a partir de estímulos específicos:

✓ A **autoimagem** baseia-se naquilo que enxergamos e projetamos sobre nós, ela estimula nossa percepção.
✓ O **autoconhecimento** tem a ver com aquilo que sabemos e com as informações que assimilamos e acrescentamos ao nosso repertório.
✓ A **autoestima** baseia-se naquilo que sentimos e valorizamos em nós, tem a ver com nossa afeição.

AUTOCONFIANÇA

Ao falar de nossa identidade — ou seja, quem, afinal de contas, nós somos — estaremos sempre relacionando os elementos dos três aspectos. Quanto mais rica e completa for a imagem que tivermos de nós mesmos, mais avançaremos no conhecimento de nossa identidade pessoal.

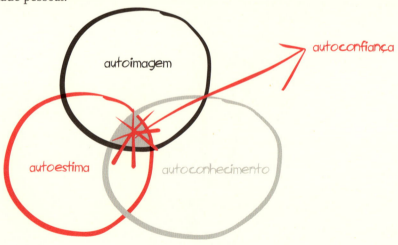

94

Dominar esses níveis da própria identidade é fundamental para quem deseja empreender. Afinal, apenas uma pessoa consciente de suas características pessoais, que se aceita e se respeita, é capaz de se autogerenciar e de colocar suas potencialidades para trabalhar em benefício de seus objetivos. Quanto mais decisões tomarmos com base naquilo que realmente desejamos e nos princípios que realmente professamos, mais nos sentiremos bem e seremos estimulados a tomar mais decisões. Um autogerenciamento eficaz é o que nos abre a possibilidade de fazer as escolhas certas e adequadas aos nossos próprios interesses. É a capacidade de ser realizador e responsável pelos próprios atos. É o que nos faz agir com eficácia e nos dá coragem para enfrentar os desafios cotidianos. É estar preparado para responder à pergunta da Lagarta Azul levando em conta aquilo que você já carrega e aquilo que gostaria de acrescentar à própria bagagem.

O equilíbrio no bom desenvolvimento dos três aspectos resulta em autoconfiança, que é uma das características essenciais de empreendedores de sucesso.

Se você estivesse diante da Lagarta Azul e ouvisse a mesma pergunta feita a Alice — quem é você? —, o que responderia? Quanto tempo você demoraria para responder de forma clara, objetiva e, sobretudo, segura, a uma questão como essa? E o principal, teria autoconfiança para continuar a explorar o País das Maravilhas?

Na verdade, poucas pessoas que foram pegas de surpresa com esse tipo de questão se sentiram em condição de respondê-la afirmativamente de imediato. Poucos de nós, sem uma boa reflexão prévia, têm condição de apresentar uma imagem coerente e realista daquilo que realmente somos, ou seja, daquilo que realmente carregamos em nossa bagagem pessoal e que pode ser útil numa viagem como essa. Por isso **é importante não apenas nos conhecermos a fundo como também encontrarmos uma maneira de expor com segurança aquilo que realmente somos.**

95

CONSELHOS DE UMA LAGARTA: FAÇA SEU MARKETING PESSOAL

O autoconhecimento nos dará a certeza de transmitir corretamente às outras pessoas, além daquilo que realmente somos, aquilo que realmente desejamos mostrar e que é realmente relevante quando o assunto é nossa competência, nossos valores e nossos objetivos profissionais. Ele nos permitirá o uso eficaz das ferramentas corretas para tirarmos proveito do marketing pessoal.

O marketing pessoal não se limita à divulgação de uma imagem pessoal positiva. Ele também permite que as pessoas a quem nos interessa conquistar — e que serão importantes ao longo dessa viagem empreendedora — tenham um melhor conhecimento sobre nós. O objetivo do marketing pessoal, portanto, não é o de nos apresentar como algo que não somos, mas sim expor o que temos de melhor, sem deixar dúvidas em relação a nossas potencialidades e nossos objetivos pessoais e profissionais. É, principalmente, ter uma boa capacidade de comunicação e utilizá-la para apresentar, de forma clara, nossas qualificações e competências com o propósito de nos projetarmos no ambiente social e profissional. O marketing pessoal é explicado por Philip Kotler como uma disciplina que utiliza os conceitos de marketing e seus instrumentos com o foco na carreira e na vida pessoal, valorizando os aspectos profissionais, os atributos e as características e beneficiando a complexa estrutura do ser humano (Kotler, 1988).

Uma boa comunicação, nesse sentido, envolve a mensagem que desejamos transmitir e o conteúdo que queremos passar. Envolve a linguagem corporal e a maneira como falamos, bem como gestos, expressões e posturas que adotamos em nossa comunicação não verbal. Apresentado de forma harmoniosa, esse conjunto de elementos dará credibilidade ao marketing pessoal.

VOCÊ COMO UMA EMPRESA

A verdade é que, num mercado cada vez mais competitivo e exigente quanto à diferenciação e à inovação, é cada vez maior o número de pessoas que buscam desenvolver sua atitude empreendedora, visando a uma viagem desafiadora e capaz de promover uma mudança positiva em sua vida profissional. Os melhores roteiros estão cada vez mais concorridos, os melhores hotéis, sempre lotados, e as passagens para os melhores destinos cada vez mais difíceis de encontrar, sobretudo quando o destino final é aquele que possibilita a realização de um sonho. Para se destacar e reservar seu lugar no mundo empreendedor é importante, nesse sentido, construir um estilo pessoal diferenciado, sólido e coerente, utilizando ao máximo suas características positivas.

Com a ajuda das ferramentas do marketing podemos refletir sobre nossa identidade como se fôssemos uma empresa interessada em lançar com sucesso um produto inovador no mercado. Um bom exercício para isso é utilizar o conceito dos "quatro Ps" (ou seja, produto, promoção, preço e ponto), refletir sobre eles e se apresentar ao mercado respondendo a algumas perguntas que, no final, nos ajudarão a encontrar uma resposta mais rápida para a pergunta da Lagarta Azul. Os quatro conjuntos de perguntas que facilitarão essa jornada são:

1. Que tipo de produto você é? A que necessidade atende?
2. Quais são suas qualidades? Como você as promove?
3. Qual é o seu valor de mercado?
4. Qual seu ponto de venda? Você é facilmente localizável?

VOCÊ COMO SUA PRÓPRIA MARCA

Outra reflexão que pode ser extraída das ferramentas do marketing diz respeito à necessidade de criar uma nova marca para um novo produto. Uma marca que seja forte o bastante para fixar uma imagem de forma rápida na mente das pessoas que lhe interessam no ambiente em que você convive, tornando-se, assim, logo conhecida. Imagine, nesse caso, um desenho, um símbolo ou uma figura que sintetize sua imagem pessoal e profissional; uma palavra-chave que explicite seu estilo, sua identidade e seus propósitos. Esse exercício é mais complexo do que pode parecer à primeira vista, e uma boa forma de levá-lo adiante é pensar, antes de mais nada, naquilo que algumas marcas consagradas transmitem para você. Pense, por exemplo, na forma como você vê as seguintes marcas: Brastemp, Natura, Apple, Ferrari, Harley-Davidson, Petrobras, Ambev, Prada.

A partir dessa reflexão, percebemos que criar uma marca é algo bem mais complexo do que pode parecer à primeira vista. No entanto, por mais intrincado que seja, é algo essencial para quem deseja se tornar conhecido e se consolidar no mercado. O exercício seguinte é começar a criar sua própria marca. Pense naquilo que o diferencia das outras pessoas. Qual é a figura e qual é a palavra que melhor expressa essa diferença?

É bom termos claro, antes de irmos adiante, que as grandes marcas, as mais desejadas, são construídas ao longo do tempo, sendo permanentemente atualizadas. Sua marca registrada, portanto, deve sempre ser mantida e melhorada. A essência de cada marca traz o significado da trajetória de seu criador.

Devemos, assim, cuidar de nosso processo de autoconhecimento como uma boa empresa cuida de seu patrimônio, promovendo melhorias contínuas e buscando sempre fazer melhor e em menos tempo.

Quanto mais nos conhecemos, mais descobrimos que precisamos modificar, eliminar ou aperfeiçoar algo. Quanto mais gostamos de nós mesmos, mais desejamos novas conquistas.

Quanto mais confiamos em nós mesmos, mais nos sentimos dispostos a enfrentar novos desafios e conquistar novos sonhos.

O dinamismo passa a ser constante e a mudança passa a fazer parte do processo.

TUDO ESQUISITO:
MUDANÇAS PESSOAIS

Alice tinha acostumado tanto a esperar só coisas esquisitas acontecerem que lhe parecia muito sem graça e maçante que a vida seguisse de maneira habitual.

(Carroll, 2009, p. 22)

Quando falamos na necessidade de mudanças constantes em nossas vidas, precisamos definir bem a que tipo de mudanças estamos nos referindo. O problema não se reduz, como muita gente às vezes imagina, à adoção de um novo estilo de roupas ou a uma mudança no corte do cabelo. Conforme vimos ainda há pouco, depois de se ver no salão fechado em que caiu após ter decidido seguir o Coelho Branco, Alice muda várias vezes de tamanho na tentativa de passar pela porta e alcançar o jardim magnífico que existe do outro lado. E, nesse e em outros momentos da história, ora ela se

sentirá grande, ora se sentirá pequena demais.

A sensação de estar fora do compasso e de não ter o tamanho adequado para a tarefa que se pretende realizar é cada vez mais presente na vida das pessoas e nos ambientes de trabalho atuais. As mudanças são constantes e tão aceleradas que ora as pessoas se sentem desanimadas diante delas (pois consideram as tarefas atribuídas a essas mudanças extremamente simples), ora se sentem incapazes de realizá-las diante da complexidade que elas aparentam. Parece que, exatamente como Alice, estamos sempre crescendo ou diminuindo em relação a determinadas situações. Contudo, assim como ela não se deteve diante dos obstáculos, encontrando sempre uma maneira de lidar com eles, cada um de nós também precisa superá-los. Do contrário, não haverá viagem empreendedora.

Algumas pessoas até tentam iniciar essa viagem, mas ficam imobilizadas diante do primeiro obstáculo que surge.

Outras sequer tentam dar o primeiro passo: demonstram um apego excessivo ao passado (e, portanto, à própria zona de conforto) e evitam as novidades a qualquer preço. Se a possibilidade estivesse nas mãos dessa pessoas, elas desejariam que o mundo ficasse cristalizado exatamente como está apenas para não terem que se adaptar aos novos tempos. E, por não conseguirem mudar, gostariam que as outras pessoas também estacionassem e mantivessem tudo exatamente como está. Costumo dizer que pessoas com esse traço de temperamento são acometidas pela "síndrome de Gabriela", numa referência à música de Dorival Caymmi, que fez sucesso na voz da cantora Gal Costa. O refrão da música diz: "Eu nasci assim/Eu cresci assim/Eu sou mesmo assim/Vou ser sempre assim". Algumas frases frequentes entre os argumentos das pessoas que rejeitam as mudanças não fazem parte dessa canção, mas bem que poderiam fazer: "sinto muito, mas eu sou assim", "não adianta, você pode não gostar, mas eu sou assim!", "sei que isto não é certo, mas eu sou assim". Ou seja,

Acontece, como se sabe, que o mundo não para. Está sempre em movimento e sempre acrescenta fatos novos ao repertório já conhecido. Novas tecnologias, novas propostas de relacionamento pessoal e profissional, novos estilos de vida e novos pontos de vista estão sempre surgindo, obrigando-nos a nos posicionarmos diante deles. Tais transformações não dependem da vontade individual que algumas pessoas manifestam ao querer deixar tudo do modo como está. As mudanças ocorrem quando indivíduos ou grupos tomam consciência da inadequação de um estado, modelo ou situação anterior e decidem alterá-los. Quando falamos em mudanças, estamos nos referindo a mudanças pessoais, sociais, tecnológicas e muitas outras. O fato é que cada uma delas foi precedida por uma decisão, criação ou necessidade humana. E, independentemente da dimensão que assuma, toda mudança tem

quem se recusa a mudar coloca as limitações acima das possibilidades de mudança. E, claro, nunca sai do lugar.

como ponto de partida um desejo (que pode ser individual ou compartilhado entre muitos) de alterar a situação atual em benefício de algo novo.

TIPOS DE MUDANÇAS

A mudança que mais gera desconforto e resistência é aquela que uma pessoa é obrigada a fazer para se adaptar às condições do ambiente. Nesse caso — ou seja, no da mudança "reativa", que se estabelece por obrigação —, o movimento feito é sempre o mínimo necessário para se adequar à nova situação. Existem, porém, mudanças que são feitas por pessoas que escolheram fazer diferente do que faziam. Nesse caso — ou seja, no da mudança "proativa", que se estabelece por opção —, a consequência é uma transformação profunda, que leva ao crescimento pessoal. A consciência da necessidade de mudança constante facilita o desenvolvimento de potencialidades para estarmos sempre prontos a seguir viagem e abrir as portas certas. Alice, ao passar por tantas mudanças, mesmo que esquisitas, começa a desejá-las e a não mais gostar de uma vida rotineira.

E você? Como age diante das mudanças? Como Alice ou como Gabriela?

LAGO DE LÁGRIMAS: RESILIÊNCIA

No diálogo de Alice com a Lagarta Azul, um ponto que chama a atenção é quando a menina tenta devolver para a interlocutora a situação de desconforto que estava vivendo com suas constantes mudanças. A menina diz que no dia em que sua interlocutora se transformar numa crisálida e, depois, numa borboleta, certamente se sentirá tão incomodada quanto ela. **A Lagarta Azul, no entanto, parece entender que a mudança é parte essencial de sua condição e responde tranquilamente: "Nem um pouquinho"** (Carroll, 2009, p. 57).

Ou seja, por mais que mude, ela não se sentirá incomodada. A menina continua a dizer, então, que seus sentimentos em relação às mudanças constantes são diferentes e que, para ela, está tudo "muito esquisito". E a Lagarta, num tom atrevido, pergunta novamente "quem é você?" (*ibidem*).

Uma lição que pode ser extraída dessa passagem diz respeito ao preparo com que cada um de nós lida com as mudanças. No caso específico da Lagarta Azul, as mudanças fazem parte de sua própria essência, ao passo que, para Alice, elas ainda se mostram como uma circunstância incompreensível. Ou seja, a menina ainda não desenvolveu a capacidade individual de acompanhar as situações à sua volta e fazer as mudanças pessoais de forma saudável e positiva.

As pressões sofridas pela necessidade de mudança muitas vezes mostram-se excessivamente complexas, causam estresse e fazem com que as pessoas não consigam levá-la adiante. É mais ou menos como o Coelho Branco da história de Alice, que surge apressado, com um relógio na mão, dizendo que é tarde e que vai chegar atrasado.

Esse tipo de sensação é mais comum do que imaginamos. Para conseguir realizar nossa viagem empreendedora, temos que continuar em frente e **aprender a lidar com o descompasso da velocidade das mudanças entre nossa capacidade individual e a realidade externa.** E uma ferramenta extremamente útil na hora de acertar os ponteiros desse relógio é a resiliência. Trata-se de um conceito proveniente da física, que diz respeito à capacidade apresentada por um material de voltar a seu estado anterior depois de ter sofrido uma forte pressão. Para o objetivo que nos interessa neste livro, resiliência pode ser definida como a capacidade de um indivíduo para agir de forma sã num ambiente insano, ou seja, a capacidade de o indivíduo sobrepor-se e construir-se positivamente mesmo em situações adversas (Carmello, 2004).

Essa capacidade manifesta-se em situações de mudanças drásticas, em que todas as referências anteriores devem ser abandonadas para dar origem a uma forma completamente nova e diferente de agir. Trata-se da capacidade do ser humano de enfrentar as adversidades da vida, superá-las e ser transformado positivamente por elas (Munist *et al.*, 1998).

Em muitas sociedades, essa capacidade é desenvolvida pelas pessoas por sofrerem situações históricas de superações coletivas. Quando tiveram que reconstruir a cidade depois que ela fora completamente destruída pelos bombardeios da Segunda Guerra Mundial, os habitantes de Londres foram resilientes. O mesmo pode ser dito dos japoneses, depois dos terremotos e dos *tsunamis*, ou de qualquer povo que se vê diante da necessidade de reconstruir o que já estava pronto. Em situações como essas, a resiliência é considerada um processo dinâmico que tem como resultado a adaptação positiva da pessoa ou de uma sociedade em um contexto de grandes adversidades (Luthar *et al.*, 2000).

Quando Alice caiu no salão da toca do coelho e não conseguiu ficar do tamanho adequado para sair pela porta que daria para o jardim encantador, começou a chorar até criar um grande lago, quase se afogando nas próprias lágrimas. E ela mesma disse que não adiantava chorar para resolver seus problemas. Em situações de adversidades, muitas pessoas não veem a saída. Acabam se entregando à situação, sofrem e ficam imobilizadas. No entanto, algumas pessoas fazem dessas ocasiões de infortúnios um trampolim para buscar novas saídas e superar as dificuldades com positividade.

Em casos individuais, diz-se que as pessoas são resilientes quando conseguem se adaptar a novos desafios e sair deles mais fortes do que quando entraram. Para ser resiliente é necessário que a pessoa tenha uma boa relação consigo mesma, uma autoestima elevada e que seja autoconfiante. Ela deve, também, estar pronta para agir e reagir no momento certo e conhecer os limites de sua atuação. Uma pessoa resiliente é aquela que, numa situação de adversidade, se destaca por revelar as seguintes características:

✓ **Bom relacionamento:** tem a habilidade de estabelecer laços com outras pessoas que vivem o mesmo problema.

✓ **Iniciativa:** tem gosto por se autoexigir e se pôr à prova.

✓ **Humor:** encontra o cômico na própria tragédia.

✓ **Criatividade:** cria ordem, beleza e finalidade a partir do caos.

✓ **Moralidade:** capacidade de comprometer-se com valores e com o bem-estar.

Na vida profissional, a decisão de empreender pode ser consequência de alguma mudança não desejada. Se a empresa em que a pessoa trabalhava foi à falência, ou se ela, por qualquer razão, se viu sem trabalho de uma hora para outra, é possível que tenha aberto um negócio próprio por necessidade de sobrevivência. A questão é que a maior parte dos movimentos que resultam na perda do emprego é anunciada antes que a situação se torne irreversível. Desse modo, a pergunta, nesse caso, é: por que não houve qualquer tipo de antecipação por parte do interessado? Será que é preciso esperar que a tragédia anunciada se confirme para se tomar uma iniciativa?

No livro *Gerenciando na velocidade da mudança*, o autor Daryl Conner faz uma analogia dessa situação: no primeiro dia, um lago grande contém apenas uma folha de nenúfar (planta que, para sobreviver, extrai o oxigênio da água). O número de folhas dobra a cada dia até que, no trigésimo deles, o lago está completamente tomado pela vegetação. Em que dia o lago estava pela metade? No 29º dia é a resposta (Conner, 1995).

A ideia é perceber que foram necessários 29 dias para que metade da superfície do lago fosse ocupada, e apenas um dia para que ficasse completamente coberta pelas folhas. Se alguém quisesse agir para evitar que o problema acontecesse poderia ter agido a qualquer momento, e quanto mais cedo começasse, menos dificuldades encontraria pela frente.

Imagine que as folhas de nenúfar sejam as mudanças que ocorrem no dia a dia, ou seja, os problemas e as dúvidas que afetam sua vida profissional. Eles multiplicam-se a cada dia até chegar a hora em que a decisão de empreender se torna, mais do que uma imposição das circunstâncias, uma necessidade de sobrevivência. Por que esperar por esse dia e não começar a agir antes? Afinal, empreender pode ser uma escolha planejada, em que uma pessoa se organiza para abrir um negócio de forma estruturada. Nesse caso, as chances de sucesso são potencialmente maiores. Em muitos casos, mesmo os profissionais mais bem-preparados para as carreiras mais vitoriosas dentro das maiores e mais sólidas organizações acabam percebendo que existem oportunidades fora dali e escolhem aproveitá-las numa empresa própria.

A forma como as pessoas partem para um negócio próprio e se preparam para isso, bem como a atitude que demonstram diante desse desafio, em muitos casos, pode significar toda a diferença entre o sucesso e o fracasso. **Cada um de nós pode tomar com antecedência a decisão de seguir o próprio caminho, preparar-se para isso e, quando chegar o momento certo, seguir na direção desejada.** Ou então, deixar que a vida e as circunstâncias decidam por nós. As folhas de nenúfar surgem diariamente. Não espere que elas tomem metade do lago para começar a fazer as mudanças. Antecipe-se a elas.

QUEM SABE FAZ E GANHA PRÊMIO: TALENTO

> "Ora", disse o Dodô, "a melhor maneira de explicar é fazer".
> (Carroll, 2009, p. 35)

Durante a travessia do lago de lágrimas, Alice encontrou vários animais, e todos chegaram molhados à margem. O Dodô, um pássaro que estava junto a ela, sabia como fazer para que todos se secassem. Era uma "corrida de comitê" que somente ele conhecia. Quando estavam todos secos, ao final da corrida, Dodô anuncia: "Todo mundo ganhou, e todos devem ganhar prêmios" (Caroll, 2009, p. 36). As pessoas que sabem fazer algo muito bem e atingem os resultados devem ser reconhecidas e, se possível, premiadas pelos seus feitos.

Talento é uma habilidade que se destaca entre as demais e confere às pessoas a capacidade de desempenhar determinadas tarefas com maestria. Em sua viagem pelo País das Maravilhas, a menina Alice demonstra um talento especial para recitar poemas — e a todo instante é chamada a demonstrá-lo. É assim diante da Lagarta Azul, da Rainha Vermelha, da Duquesa e em várias outras situações ao longo da história. E, embora se saia bem em todas elas, é sempre crítica em relação ao seu próprio desempenho.

É assim mesmo, todos nós temos uma aptidão que se destaca sobre as demais, mas nem sempre somos capazes de identificá-la ou de dar a ela seu devido valor. E, sendo assim, muitas vezes não temos a clareza necessária para tirar proveito daquela habilidade e incorporá-la ao nosso repertório profissional — ou incluí-la em nossa bagagem nessa viagem empreendedora. Essa habilidade superior (que se destaca tanto em relação às outras que nós temos, quanto em relação à de outras pessoas que tentam desempenhar a mesma atividade) é conhecida como talento. A origem da palavra talento vem da Grécia antiga, e se referia, inicialmente, a uma unidade de medida de peso e, depois, a moedas de ouro e de prata. Nesse caso, **quem tinha mais talentos tinha mais riqueza**. Foi com esse sentido que ela foi incorporada ao vocabulário latino. E tornou-se conhecida ao ser mencionada por Jesus Cristo numa parábola bíblica que trata, justamente, da diferente atitude que as pessoas têm quanto à multiplicação da riqueza.

Ao longo da história, portanto, a palavra talento sempre esteve relacionada a algo valioso, uma riqueza à qual poucos têm acesso. No início do século XIX, ela passou a referir-se à habilidade humana. E entre nós é vista quase como sinônimo daquele "dom especial" que torna notáveis os artistas e os atletas de primeira linha. Ayrton Senna, Fernanda Montenegro, Gustavo Kuerten, Elis Regina, Pelé, Daiane dos Santos e Tom Jobim, para citar apenas alguns brasileiros que dispensam apresentação, sempre foram apontados como pessoas mais do que talentosas em suas atividades. É obrigatório reconhecer que tais pessoas sempre mereceram e tiveram um desempenho extraordinário em suas áreas de atuação; mas também é preciso reconhecer que o sentido de talento não se aplica apenas àqueles que conseguem uma projeção fora do comum. Todos nós temos talento para alguma atividade.

    Uma definição de talento utilizada por estudiosos de Recursos Humanos é: "habilidade extraordinária que algumas pessoas têm para realizar suas atividades diárias, ao ponto de merecerem honra especial. Com isso elas multiplicam o 'valor' daquilo que é posto em prática". A habilidade pode e deve estar presente nas diversas áreas da atuação humana. A maioria das **pessoas talentosas**, além de ter extrema habilidade para determinada atividade, apresenta algumas características interessantes que as torna extraordinárias em relação aos outros. De um modo geral, elas:

- Fazem sem serem solicitadas.
- Demonstram paixão pelo que fazem.
- Consideram o aplauso sua maior recompensa.
- Ousam e adoram desafios.
- São criativas e inovam constantemente.
- São incansáveis na busca da perfeição.

O ponto a ser destacado, neste momento, é que, embora algumas pessoas demonstrem talento nato para uma atividade, elas são as que buscam com mais afinco se aperfeiçoar, se atualizar e melhorar o próprio desempenho. O bom músico é o que mais pratica o instrumento. O atleta campeão é o que mais treina. A primeira bailarina de uma companhia de dança é a que mais se dedica aos ensaios, desafiando-se a todo instante para realizar o movimento que ninguém antes dela conseguiu realizar.

Em resumo, as **pessoas talentosas**:

Têm vocação para determinada atividade. Mais do que um dom, a vocação manifesta-se quando a pessoa sente prazer numa determinada atividade. É o famoso "gostar do que faz". Esse prazer motiva e compensa o sacrifício que aquela atividade exige. A vocação faz com que o exercício da atividade pareça simples aos olhos de quem está do lado de fora. Ela proporciona fluidez nas atividades mais complexas realizadas por pessoas talentosas.

Demonstram uma habilidade extraordinária.

Por razões que não nos cabe discutir neste momento, há pessoas que realizam uma tarefa com mais competência do que outras. Isso, na maioria das vezes, surge como parte do processo de colocar em prática de forma constante e repetitiva as tarefas relacionadas com aquilo que se gosta. Quem tem a oportunidade de admirar, para citar um exemplo nas artes plásticas, uma obra-prima como o painel *Guerra e paz*, de Cândido Portinari, exposto no saguão do prédio da Organização das Nações Unidas, em Nova York, está olhando não apenas para uma obra magnífica, mas também para as milhares de horas que o artista passou estudando e praticando antes de realizar aquele trabalho e para as centenas de estudos que ele fez antes de chegar àquele resultado final.

Têm a capacidade de multiplicar o valor daquilo que fazem.

A multiplicação do valor é algo que se estabelece a partir da capacidade de correr um determinado risco. E essa capacidade é resultado da crença de que é possível fazer diferente, ousar, surpreender e ampliar os limites do resultado alcançado na tentativa anterior. O artista plástico Romero Britto é considerado polêmico e comercial por ter expandido sua arte para diversos objetos e lugares, possibilitando que diferentes públicos tivessem acesso a seu trabalho.

Atraem admiração e reconhecimento.

Quem faz algo diferente e especial sempre é reconhecido por isso. Imprime em suas tarefas uma marca pela qual será lembrado e admirado.

A esta altura, já ficou claro que algumas pessoas têm o talento específico para empreender, e que também é possível fazer, do próprio talento, o ponto de partida para um movimento empreendedor. Em outras palavras, para ter uma carreira profissional de sucesso ou destacar-se à frente do próprio negócio é preciso conhecer (ou, em alguns casos, até mesmo descobrir), desenvolver e aperfeiçoar seu próprio talento.

Para descobrir o talento pessoal é preciso saber distinguir, entre as atividades que nos dão prazer e que ocupam mais a nossa atenção, aquela que se destaque sobre as demais e que cumpra três condições específicas:

✓ **O talento é praticado.** Ou seja, é algo que, para ser posto em prática, depende de trabalho pessoal. Alguém pode gostar de futebol e ser apenas um torcedor, enquanto outro gosta de futebol como jogador. Portanto, o talento está em marcar gols, tocar violão, desenhar, bordar, falar em público e assim por diante.

✓ **O talento é extraordinário.** Ou seja, faz com que a pessoa se destaque sobre as demais numa determinada atividade. Existem pessoas que, com o mesmo esforço e grau de preparo das demais, destacam-se em determinadas atividades. É aquela que, ao tocar o violão, é capaz de executar músicas sofisticadas enquanto os colegas que tiveram o mesmo número de aulas e de ensaios ficam apenas nos acordes mais básicos.

✓ **O talento é reconhecido.** As pessoas que convivem com uma pessoa talentosa reconhecem o seu valor e expressam algum tipo de admiração.

VALORES E CRENÇAS

"Se cada um cuidasse de sua própria vida", disse a Duquesa num resmungo rouco, "o mundo giraria bem mais depressa". "O que não seria uma vantagem", emendou Alice.

(Carroll, 2009, p. 72)

Os valores pelos quais pautamos nossas vidas são fruto da nossa herança familiar e também são adquiridos pela convivência com as pessoas queridas. Eles guiam nossas ações e muitas vezes, por darem-se de forma inconsciente, dispensam qualquer explicação ou justificativa. São princípios pessoais e intransferíveis que possuem a força de orientar nossas escolhas para um determinado caminho, rejeitando outros. De acordo com o *Dicionário de Ciências Sociais* (1986, p. 419), valor é a "capacidade de algo para satisfazer um desejo, uma necessidade ou uma aspiração humana, podendo ser esses valores de ordem econômica, jurídica, ética ou moral, cultural e religiosa". Ou seja, os valores são aquilo que chamamos de filosofia de vida, a qual rege nosso dia a dia.

Quanto mais claro e consciente estiver o conjunto de valores que motiva e guia as escolhas e tomadas de decisão sobre sua trajetória, maiores serão a coerência e o significado das atitudes perante situações e oportunidades de realização que uma pessoa poderá protagonizar. Para os profissionais, escolher os valores que fundamentarão sua própria trajetória ou a trajetória de seu negócio proporciona-lhes uma motivação especial para firmar sua existência como organização, se diferenciar no mercado e atrair parceiros e colaboradores. As organizações geralmente se espelham no conjunto de valores de seus fundadores e do grupo de colaboradores com mais influência. Ter uma carreira profissional identificada com os valores pessoais é fundamental para quem deseja desenvolver uma atitude empreendedora. **Os valores fundamentam as tomadas de decisão mais importantes, fortalecem e inspiram as pessoas numa situação de adversidade,**

e moldam o caráter e o comportamento delas. Os valores sempre foram objetos de pesquisa dos filósofos para compreender as sociedades e o ser humano quanto às suas escolhas de vida.

A partir da década de 1960, os psicólogos sociais investiram em pesquisas e formularam algumas definições para atender ao interesse crescente das sociedades contemporâneas pelo tema. Algumas dessas definições apontam a crença como elemento fundamental para a conduta humana — algo que explica as diferenças e semelhanças entre pessoas e grupos. O psicólogo social Milton Rokeach define valor como "crença duradoura de que um modo específico de conduta ou estado final de existência é pessoal ou socialmente preferível a um modo oposto ou alternativo de conduta ou estado final de existência" (Pato-Oliveira e Tamayo, 2002, pp. 104-105).

M. Ros (2006, p. 96), outro psicólogo, aponta para a mesma direção e define os valores como "crenças hierarquizadas sobre estilo de vida e formas de existências que orientam nossas atitudes e comportamentos".

Já o psicólogo social israelense Shalom Schwartz (2006, pp. 57-58) define os valores como "metas desejáveis e transituacionais que variam em importância e servem como princípios na vida de uma pessoa ou de uma entidade social". Como autor da teoria dos valores básicos, ele identifica cinco características presentes nas definições dos valores para as pessoas, independentemente da cultura a que pertencem:

→ São crenças que orientam a ação cotidiana, e estão ligados à emoção humana.

→ São transituacionais e referências para diferentes atitudes.

→ São critérios normalmente inconscientes que guiam as escolhas e as avaliações sobre pessoas ou eventos.

→ São hierarquizados de acordo com sua importância relativa à situação de vida.

→ São referenciais motivacionais, objetivos desejáveis que as pessoas almejam.

O modelo de valores de Schwartz é a grande referência na psicologia social contemporânea. Segundo o psicólogo, os valores são definidos pelas condições básicas da sobrevivência humana e destacam as necessidades biológicas e a integração social. Em 1992, após pesquisas em diversas culturas, Schwartz classificou os valores em dez tipos motivacionais universais (Pato-Oliveira e Tamyo, 2002):

1) Autodeterminação
2) Estimulação
3) Hedonismo
4) Realização
5) Poder
6) Segurança
7) Conformidade
8) Tradição
9) Benevolência
10) Universalismo

As motivações universais estão por trás de uma infinidade de valores que conhecemos e assumimos para nossa vida, como por exemplo: honestidade, amabilidade, solidariedade, liberdade, respeito, lealdade, responsabilidade, transparência, positividade e humildade. De modo geral, esses são alguns dos valores mais apontados pelas pessoas e por grupos de pessoas na composição de seu sistema particular de conduta. É em torno dessas motivações que se alinharão os valores pessoais propriamente ditos.

A Duquesa, personagem da história de Alice, tem como princípio a individualidade e não gostaria que sua vida fosse influenciada por outras pessoas. Porém, os valores e as crenças são importantes para a boa estruturação de sociedades. Quanto mais a coletividade define conjuntamente e respeita seus valores, melhor será a convivência e a civilidade entre as pessoas. Mesmo que o mundo não gire mais rápido.

QUEM ROUBOU AS TORTAS?
DILEMAS E TOMADA DE DECISÃO

Os valores morais orientam nossas ações em situações determinadas pela vida em sociedade e são a base de nosso senso de justiça. Ajudam-nos a fazer as escolhas que nos parecem mais adequadas, sobretudo naquelas circunstâncias em que alguém pode se sentir prejudicado com o resultado de nossa decisão.

Na viagem de Alice pelo País das Maravilhas, a menina enfrenta a Rainha de Copas durante o julgamento de um dos soldados (na verdade, um valete de baralho que havia assumido a forma humana) acusado de ter roubado as tortas que eram reservadas para a sobremesa real. Mesmo correndo o risco de ser decapitada, a menina enfrenta a rainha e o rei por considerar absurda a ideia de que a sentença do prisioneiro fosse proferida antes do veredito.

Embora esse exemplo, mais uma vez, pertença ao mundo da ficção, ele chama a atenção para um ponto importante: **algumas das decisões que tomamos podem, de fato, causar algum prejuízo para nós ou para outras pessoas. E algumas situações exigem de nós uma análise prévia da consequência de nossas decisões.**

Em momentos assim, os valores ficam mais explícitos em nosso comportamento. Essas situações são chamadas de dilemas: momentos em que as alternativas de ação exigem uma reflexão sobre as perdas, pois nenhuma das escolhas possíveis será neutra e, fatalmente, alguém sairá prejudicado. Por exemplo: você está parado com seu carro no semáforo vermelho e uma ambulância liga a sirene pedindo passagem. Você avança o sinal, mesmo correndo o risco de ser flagrado pelas câmeras da fiscalização eletrônica e multado, ou espera a luz verde para dar passagem à ambulância? Independentemente da escolha que faça, seus valores, como solidariedade e respeito à vida, o ajudarão na decisão. Alguma perda pessoal pode até ocorrer. Porém você escolheu o caminho que lhe pareceu ser o mais certo.

Em um estudo da Universidade Harvard, nos Estados Unidos, mencionado por Michael J. Sandel em seu livro *Justiça: o que é fazer a coisa certa*, pediu-se que as pessoas se posicionassem em relação a determinados dilemas e dissessem como agiriam diante de determinadas situações. Por exemplo, um amigo deseja lhe contar um segredo e pede que você prometa que não irá compartilhá-lo com ninguém. Você aceita a condição, e seu amigo lhe diz, então, que atropelou um pedestre e que, por essa razão, vai se refugiar na casa de um parente. Quando a polícia o procura querendo informações sobre o paradeiro de seu amigo, qual é a sua atitude? Você revela o esconderijo dele ou fica em silêncio, permitindo que o erro cometido fique sem punição? (Sandel, 2011).

O antropólogo holandês Fonz Trompenaars realizou pesquisas sobre dilemas como esses em diversos países. As respostas variaram de acordo com cada povo. A maioria dos russos disse que entregaria o amigo à polícia. Os norte-americanos mentiriam para protegê-lo, mas dariam informações ambíguas à polícia. Já os brasileiros inventariam histórias de enredo absurdo para dizer que a culpa não era do amigo, mas do pedestre, que era um suicida (ver Marton, 2008).

Os gregos antigos tinham consciência de que cada cultura tem noções diferentes sobre o que é certo ou errado. Diziam que, no mundo, havia tantos códigos morais quanto o número de povos. A princípio, saber que a moral muda

de acordo com a cultura

é importante para não julgarmos os costumes de um povo com base nos nossos. Mas, quando duas culturas diferentes se chocam, surgem dilemas morais ainda mais difíceis. Seja como for, o fato é que o mundo atual tem sofrido com a perda e com o abandono da transmissão de valores pelas famílias, escolas e grupos sociais. A função social de educar informalmente pelos valores foi esquecida, muito em razão de que a sociedade moderna prioriza a busca da felicidade imediata e individual, e é desprovida de um sistema de valores em que as escolhas possam proporcionar um compromisso com a felicidade coletiva. A quem cabe refletir sobre a importância dos valores na conduta das pessoas? Os valores morais servem para quê?

Uma pessoa geralmente constrói um conjunto de cinco a dez valores para alicerçar sua vida. Na maioria das vezes, eles são alinhados sem oposição entre si para facilitar a análise e a avaliação das situações cotidianas em que somos levados a nos posicionar — sobretudo na hora de distinguir aquilo que é certo daquilo que é justo para nós individualmente ou para o coletivo em que vivemos.

Os valores, de um modo geral, servem para nos dizer se estamos fazendo o que é certo numa situação em que só a nós cabe escolher como agir. No nosso dia a dia, as escolhas sobre o que fazer são simples e muitas vezes automáticas. Nem sempre estamos conscientes de que as decisões que tomamos, por mais corriqueiras que sejam, têm como base nossos valores e princípios. Porém, quando se trata de nosso futuro, da realização de um sonho profissional, é importante que nosso conjunto de valores esteja claro e coerente. Afinal, é ele que fundamentará nossa atitude empreendedora. Só haverá tomada de decisão quanto à realização das mudanças necessárias para empreender se nossas escolhas estiverem alinhadas com nossos valores. Esse é um ponto importante.

Quanto mais cedo soubermos quais são nossos valores, mais fácil será tomar a decisão sobre mudanças profissionais e escolher o caminho certo.

Conheça alguns valores que fazem parte do conjunto de princípios das pessoas e de algumas empresas. Aproveite este momento e crie seu próprio conjunto de valores que dará sustentação à sua atitude empreendedora.

Exemplos de valores humanos	Seus valores pessoais
Amabilidade Beleza Caridade Cordialidade Dignidade Diversidade Estabilidade Felicidade Fraternidade Honestidade Humildade Igualdade Integridade Lealdade Liberdade Positividade Respeito Responsabilidade Segurança Simplicidade Sinceridade Tradição Trabalho Vida	

PIMENTA, CAMOMILA OU BOMBONS: EMOÇÕES

"Talvez seja sempre a pimenta que torna as pessoas esquentadas [...], e a camomila que as torna amargas [...]. Só queria que as pessoas soubessem disso: não seriam tão sovinas com os bombons..."
(Carroll, 2009, p. 104)

Em *Alice no País das Maravilhas*, a Rainha de Copas é uma das personagens de conduta mais impulsiva. Diante de qualquer ameaça ou contrariedade, ela manda decapitar o súdito que não agiu conforme suas expectativas, reagindo instantaneamente a suas emoções. Alice decide que não precisa ter medo de perder sua cabeça e enfrenta a Rainha dizendo o que pensa. O que a menina faz naquele momento expressa suas emoções de maneira competente. Nesse instante, a Rainha fica furiosa e grita para que cortem a cabeça de Alice.

Mandar cortar a cabeça de todas as pessoas como resposta única a qualquer reação emocional demonstra uma grande dificuldade e um desconhecimento das próprias emoções. Queiramos ou não, nossas emoções geralmente se expressam por meio de manifestações físicas. Ficar com o rosto vermelho nos momentos de raiva e expressar com os olhos aquilo que estamos sentindo (seja raiva, tristeza, alegria, seja qualquer outro sentimento) são reações próprias do ser humano. A palavra emoção tem a sua origem no latim, *emovere*, que significa "movimento, comoção, ato de mover". Todas as emoções, independentemente de sua intensidade, são externalizadas pelo nosso corpo, em forma de comportamento ou de postura. Essas manifestações podem ser o choro, a agressividade, a fuga ou qualquer outra. O importante é saber distinguir entre o estado emocional (tristeza, raiva, alegria) e o comportamento por ele gerado (choro, grito, riso).

As emoções são componentes especiais da atitude. O processo de socialização trata de forma diferente as diversas emoções humanas, e na maioria das vezes somos educados para não perceber ou manifestar as emoções. Como consequência, **poucas pessoas sabem lidar com as próprias emoções e também com as emoções manifestadas na forma de agir de outras pessoas.**

Se as emoções ajudam a organizar a reação ou a predisposição às situações da vida, elas fazem parte de nossas atitudes perante o mundo. Tendemos a mudar nossa atitude diante de uma determinada situação caso estejamos tristes ou alegres. Se estamos tomados pela raiva, tendemos a permitir que isso influencie nossas atitudes para com nosso filho, vizinho ou cliente. Por essa razão, e para que o efeito das atitudes que tomamos sob influência das emoções não se volte contra nós, precisamos aprender a lidar com esses componentes essenciais do ser humano.

Emoções são afetos e sentimentos que todos os seres humanos trazem em sua bagagem pessoal. Alguns pesquisadores consideram-nas como respostas e reações determinadas biologicamente, tendo como função a preservação e a proteção de nossa vida. Em seu livro *Competências emocionais*, Monica Simionato apresenta uma pesquisa sobre emoções básicas, e os mais diferentes estados emocionais estariam agrupados em seis famílias de emoções: raiva, medo, alegria, tristeza, surpresa e repugnância.

surpresa
admirado
perplexo
embasbacado
atônito
chocado
pasmo
maravilhado
abobado
desnorteado
incrédulo
confuso
estupefato

tristeza
entediado
decepcionado
depressivo
descontente
infeliz
acanhado
abalado
aborrecido
desanimado
moribundo
consternado
ignorado

repugnância
nojo
incompatível
desdém
aversão
rejeição
desprezo
preconceituoso
vergonha

raiva
nervoso
magoado
irritado
furioso
descontrolado
arrependido
selvagem
rancoroso
enfezado
irado
ódio

medo
apreensivo
aterrorizado
espantado
tremor
pânico
receoso
arrepiado
aflito
assustado
temeroso
desesperado
apavorado

alegria
bem-humorado
excitado
contente
satisfeito
feliz
extasiado
eufórico
prazeroso
animado
sereno

Quadro 1. Seis famílias de emoções.
Fonte: adaptado de Simionato (2007).

As emoções podem, então, ser classificadas pela qualidade (negativa ou positiva) e pela potência (forte ou fraca). Assim, emoções que derivam de uma dessas seis famílias podem ter nomes específicos de acordo com a intensidade. Por exemplo, ódio ou fúria é uma intensidade maior da raiva. Felicidade é uma variação da alegria. Como as emoções são impulsionadoras de comportamento, elas atuam e se manifestam no nosso corpo, em especial nas expressões faciais. Algumas emoções têm efeito estimulante, já outras, paralisante, e parece que existe uma regra geral sobre o efeito que cada uma delas provoca nas pessoas, mesmo que as respostas sejam subjetivas. O medo pode levar uma pessoa a ficar estática diante da mesma ameaça que põe outra a correr para fugir do perigo; a resposta é diferente, porém o corpo reage igual no sentido de proteger-se, de preservar seu estado no momento. As emoções também podem ser respostas funcionais às situações que as provocaram. Assim como a raiva provocada por um julgamento injusto no ambiente de trabalho pode levar uma pessoa a pedir demissão, pode, também, levar outra a se esforçar mais e provar que é mais capaz do que foi considerada, permitindo que as duas pessoas se coloquem em movimento de mudança. **Saber conhecer nossas próprias emoções e utilizá-las em nosso benefício no ambiente profissional é fundamental** e, na maioria das vezes, mais produtivo do que não permitir que as emoções influenciem nossas atitudes, respondendo de forma impulsiva.

Ainda não descobrimos as regras que deixam as pessoas suaves — oferecer-lhes bombons pode ser uma boa estratégia para adoçar pessoas apimentadas, como recomenda Alice na sua descoberta sobre o temperamento das pessoas. As palavras tempero e temperamento têm a mesma origem, vêm do latim *temperare*, "misturar corretamente, moderar". A sabedoria de Alice em fazer essa analogia mostra que as emoções devem se manifestar na medida certa em nossas atitudes para que a vida tenha tempero.

O CORPO FALA: AS EXPRESSÕES FACIAIS

As expressões faciais são, na maioria dos casos, as primeiras reações físicas relativas às emoções. Reconhecê-las e identificá-las pode ser o primeiro passo para saber lidar com os sentimentos. São reações humanas clássicas, que não dependem de cultura, tempo ou lugar. Um dinamarquês tem as mesmas expressões faciais de um senegalês, assim como um brasileiro terá o mesmo repertório de expressões de um japonês. O psicólogo Paul Ekman (2011), em seus estudos de associação das emoções ao rosto, constatou que as pessoas reconheciam com razoável precisão as emoções expressas em fotos, mesmo sendo de diferentes culturas. O rosto é a principal parte do corpo com a qual expressamos nossas emoções. As expressões faciais são uma linguagem universal entre os homens.

Os rostos estilizados na ilustração ao lado apresentam um exemplo clássico da caracterização das emoções na expressão facial, que independem de outras manifestações da linguagem corporal para serem compreendidas.

1. alegria
2. medo
3. nojo
4. raiva
5. surpresa
6. tristeza

INTELIGÊNCIA EMOCIONAL

Conhecida pela sigla em inglês EQ (*Emotional Quotient*), a inteligência emocional é a capacidade de reconhecimento dos nossos sentimentos e dos sentimentos das outras pessoas. Os autores Peter Salovey e John D. Mayer dividiram a inteligência emocional em quatro domínios: habilidade de perceber emoções, capacidade de usá-las para facilitar o pensamento e o raciocínio; potencial para compreender a linguagem não verbal, e aptidão para lidar com esse sentimento, tanto consigo mesmo quanto para ajudar os outros a fazê-lo (Goleman, 1995).

CONSCIÊNCIA EMOCIONAL

Ter a consciência de nosso estado emocional, conhecer o impacto que os afetos causam e identificar as emoções manifestadas nas diversas situações de vida contribui para o desenvolvimento de uma competência emocional e nos torna capazes de criar situações positivas em relação às demais pessoas. Para isso é fundamental:

- ✓ Saber o que estamos sentindo.
- ✓ Saber o que os outros estão sentindo.
- ✓ Descobrir as causas desses sentimentos.
- ✓ Conhecer o efeito provável que nossos sentimentos exercem sobre o outro.

Esse é um processo de evolução da consciência emocional pelo qual as pessoas passam, que pode iniciar na insensibilidade (ou seja, na falta de consciência do sentimento) e chegar ao grau de interatividade, em que as pessoas percebem e são sensíveis ao fluxo das emoções e, assim, têm a capacidade de entender as próprias emoções e de expressá-las de forma produtiva. Foi esse o processo que se deu com a menina Alice. No decorrer de suas aventuras, ela foi evoluindo na sua forma de reagir. Nos momentos iniciais, quando sentia medo, ela apenas obedecia às ordens que ouvia. Depois, passou a levar em conta seus sentimentos e a responder de forma ponderada e coerente aos interlocutores. No final, ela posiciona-se claramente contra o veredito da Rainha de Copas, que manda decapitar o Valete acusado de roubar tortas. Nesse instante, Alice decide que não precisa ter medo. Afinal de contas, a guarda real não passa de cartas de baralho. Na hora que as cartas voam em sua direção, ela dá um grito com "um pouco de medo, um pouco de raiva" (Carroll, 2009, p. 146). Mas não recua. E, assim, ela acorda ao lado da irmã.

Ter consciência e controle de nossas emoções e das de outras pessoas traz benefícios pessoais e nos torna mais produtivos e coerentes no alinhamento da conduta com a atitude. **As emoções são importantes para nos ajudar a tomar decisões sobre como deveríamos agir diante de uma situação.** A qualidade e a intensidade das emoções interferem na capacidade de julgamento que teremos em relação a determinadas circunstâncias. Nossas atitudes serão moldadas pela negatividade ou pela positividade das emoções. Independentemente da emoção sentida diante de um erro ou de um fracasso pessoal, o importante é que a reação seja consciente e esteja alinhada a essas atitudes.

A CULPA É DE QUEM? LÓCUS DE CONTROLE

"Desculpe-me, não deu para evitar", disse o Cinco em tom mal-humorado. "O Sete esbarrou em meu cotovelo." "Parabéns, Cinco. Sempre colocando a culpa nos outros."
(Carroll, 2009, p. 92)

Algumas pessoas acreditam que são inteiramente responsáveis pelos resultados que produzem em suas atividades e que são capazes de controlar o próprio comportamento para atingir o objetivo que desejam. Outras atribuem aos fatores externos o controle que determina o sucesso ou o fracasso de suas condutas. O conceito de lócus de controle refere-se à percepção de atribuição da causalidade que as pessoas buscam para explicar as consequências de seus atos. A localização refere-se a uma variável de expectativa referente à percepção pessoal sobre as atribuições (internas ou externas) e seus resultados. Alguns consideram que tudo o que acontece no mundo se deve a fatores externos e nunca assumem a responsabilidade pelos seus atos. Quando algo não sai conforme o esperado, culpam o destino ou procuram um responsável pelo ocorrido, mas nunca assumem a responsabilidade pelo insucesso da iniciativa.

No livro de Lewis Carroll, há situações que mostram tanto um quanto outro tipo de atitude. Nos momentos iniciais da história, quando cai na lagoa formada pelas próprias lágrimas, Alice diz que gostaria de não ter chorado tanto (ou seja, se arrepende de sua reação inicial). Mas, já que chorou, cabe a ela mesma encontrar uma maneira de sair dali e livrar-se do problema. Ou seja, uma atitude típica de quem se considera responsável pelos próprios atos. Outra cena, num ponto mais adiantado do livro, mostra uma conversa entre as cartas de baralho que trabalham como jardineiras da Rainha de Copas. O trabalho delas é pintar de vermelho as rosas brancas que plantaram por engano no jardim, antes que a Rainha descubra e mande cortar suas cabeças. Em determinado momento, uma das cartas pede à outra, o Cinco, que preste mais atenção ao trabalho, pois a tinta está espirrando nelas. O Cinco, então, justifica seu ato colocando a culpa no Sete, que havia esbarrado em seu cotovelo. O esbarrão pode até ter sido verdadeiro. O Cinco, porém, não chama para si a responsabilidade e culpa o Sete por espirrar a tinta.

Nas aventuras pelo País das Maravilhas, as situações sempre promovem a internalidade de Alice. Por mais absurdas que parecessem essas situações em que estava envolvida, a menina sempre chamava para si a responsabilidade de resolver as dificuldades com o próprio esforço. Lócus de controle é um conceito criado pelo psicólogo Rotter, em 1966, como parte central de sua teoria sobre aprendizagem social. Ele propõe uma classificação unidimensional de casualidade (de interna a externa, numa sequência contínua) na atribuição de responsabilidade por uma ocorrência. De acordo com Rotter, **o lócus de controle interno – ou seja, a internalidade – refere-se à disposição de atribuir a si mesmo algum controle sobre os próprios atos e as circunstâncias.** É a percepção pessoal de controle sobre o resultado de uma situação (Ribeiro, 2000). É o caso daquele jogador de futebol que, diante da derrota de seu time, atribui o resultado à decisão do seu treinador, que escalou mal os jogadores, e aos erros cometidos pelo seu próprio time. O lócus de controle externo — ou seja, a externalidade — refere-se à falta de controle pessoal sobre os resultados. Essas pessoas percebem que o sucesso ou o fracasso de uma situação não depende de seu comportamento; são pessoas que creem que estão sendo controladas pela sorte, pelo destino ou por alguém mais poderoso. Nesse caso, o jogador justifica que o time perdeu porque foi prejudicado pelo árbitro ou pelas condições do campo. Para essas pessoas, o fracasso sempre é explicado com frases do tipo "minha eterna má sorte", "é culpa do sistema e nada posso fazer diante disso", ou "assim quis o destino".

O lócus de controle é o grau de domínio que uma pessoa percebe ter sobre os fatores que determinam o êxito ou o fracasso de sua conduta. Ele é muito importante para o desenvolvimento da atitude empreendedora. Pessoas com lócus de controle interno acentuado tendem a ser mais autoconfiantes e a buscar a autonomia e a independência.

Existe uma relação estreita entre a motivação para a realização e a internalidade. As pessoas exitosas em suas realizações reagem de forma mais positiva diante dos desafios. Elas experimentam sentimentos de sucesso e de satisfação, sentem-se orgulhosas de suas conquistas e criam um círculo virtuoso de crescimento. Quanto mais realizam, mais se comprometem com o resultado e melhoram sua autoestima, voltando a realizar novos empreendimentos.

Em outras palavras, **quanto mais as pessoas chamarem para si a responsabilidade pelos acontecimentos à sua volta, maior será a possibilidade de elas se saírem bem diante dos desafios que surgem em suas vidas profissionais.** Um bom exercício que pode ajudar a deslocar o lócus de controle dos fatores externos para os fatores internos é fazer uma reflexão rápida sobre os últimos acontecimentos em que você esteve envolvido e verificar, em cada um deles, a quem você atribui o resultado alcançado. Você acredita que tomou iniciativa, escolheu as pessoas certas para acompanhá-lo na jornada e se esforçou para atingir o resultado? Ou entende que esse resultado se deveu às circunstâncias externas ou a fatores sobrenaturais como, por exemplo, a sorte?

Mesmo que você se descubra com uma tendência à externalidade, é possível mudar e aumentar a proporção de internalidade. Relacionando essa ideia aos tópicos anteriores a esta parte do trabalho, é possível afirmar que as pessoas mais resilientes e talentosas têm o lócus de controle interno. A introspeção e o hábito de fazer perguntas a si mesmo e de respondê-las de forma clara e absolutamente honesta ajudam a desenvolver a capacidade de assumir as responsabilidades pelos erros e, também, de reconhecer o próprio sucesso. Cada etapa da sua trajetória na superação de um obstáculo deve ser devidamente valorizada.

> O esforço pessoal e a capacidade realizadora, além de melhorarem a autoestima, repõem a energia vital para que você continue a enfrentar novos desafios empreendedores.

CHAVE DE OURO QUE ABRE PORTAS: COMPETÊNCIA PROFISSIONAL

[...] atrás dela havia uma portinha de uns quarenta centímetros de altura: experimentou a chavezinha de ouro, que, para sua grande alegria, serviu! (Carroll, 2009, p. 17)

O conceito de competência profissional ganhou espaço privilegiado nas empresas e nas escolas e, a partir da última década do século XX e da primeira década do século XXI, tornou-se um tema muito debatido e difundido. Trata-se de um conjunto de conhecimentos, habilidades e atitudes que, articulados, promovem o desempenho das atividades de trabalho. A competência é percebida nos momentos em que a pessoa constrói novas respostas diante de novos desafios profissionais (Leite & Bó, 2006).

É necessário, no entanto, observar que o grau de motivação que impulsiona o indivíduo é um componente importante do processo. Sem intencionalidade, não há competência.

Competência é um saber mobilizar. Não se trata de uma técnica nem de um tipo específico de conhecimento, mas da capacidade de mobilizar um conjunto de recursos, conhecimentos, *know-how*, esquemas de avaliação e de ação, ferramentas e atitudes com a finalidade de enfrentar com eficácia situações complexas e inéditas.

O conceito está associado a situações que indicam o domínio pleno dos recursos que produzem um resultado específico sobre um problema, e se exprimem em expressões como "saber agir", "mobilizar recursos", "integrar saberes múltiplos e complexos" e assim por diante. Para o educador francês Perrenoud (2000, p. 15), competência é a "mobilização correta, rápida, pertinente e criativa de múltiplos recursos cognitivos (saberes, informações, valores, atitudes, habilidades, inteligências, esquemas de percepção, de avaliação e de raciocínio) para solucionar um problema". Os professores André e Maria Tereza Fleury (2001, p. 188) conceituam competência como "um saber agir responsável e reconhecido, que implica mobilizar, integrar, transferir conhecimentos, recursos e habilidades, que agregue valor econômico à organização e valor social ao indivíduo".

Nas empresas, esse conceito é utilizado pelas áreas de recursos humanos como alicerce para identificar a capacidade de a pessoa gerar, dentro dos objetivos organizacionais, resultados que podem ser mapeados com base no resultado esperado e no "conjunto de conhecimentos, habilidades e atitudes necessários para o seu atingimento" (Dutra *et al.*, 2001). Com esse enfoque, as áreas responsáveis pela gestão de pessoas dentro das organizações selecionam e preparam os colaboradores para que eles atinjam os melhores resultados empresariais. Infelizmente, porém, ainda existem dezenas de gestores que agem como a Rainha de Copas da história de Alice. Diante do menor sinal de inadequação do colaborador para uma determinada tarefa, em vez de capacitá-lo e de buscar melhorar sua competência, não hesitam em mandar cortar sua cabeça.

COMPETÊNCIA EMPREENDEDORA

Ao longo de sua viagem pelo País das Maravilhas, a menina Alice vale-se de seu conhecimento não só para enfrentar os desafios que encontra pela frente como também para resolver problemas de outros personagens que aparecem em sua trajetória. E, à medida que adquire segurança, torna-se mais eficaz na solução dos problemas. Ela, por exemplo, salva os três jardineiros (que eram cartas de baralho) da decapitação ordenada pela Rainha de Copas e não permite que o Rei de Copas mande executar o Gato de Cheshire. Pela forma como ela age no enredo, pode-se dizer que a menina demonstrou aquilo que, neste livro, chamamos de competência empreendedora.

Competência empreendedora é um conjunto de conhecimentos (informações), habilidades (técnicas) e atitudes (valores) que uma pessoa utiliza com o objetivo intencional de promover uma ação inovadora e de ser capaz de agregar valor (riqueza) para si e para a comunidade à sua volta. Sabemos atualmente que algumas pessoas manifestam essa competência desde os primeiros anos de vida e, em muitos casos, a aperfeiçoam de forma constante e natural ao longo de sua trajetória. Outras pessoas, que não trazem do berço essa mesma qualidade, também podem desenvolver um comportamento empreendedor, desde que tenham acesso aos meios adequados para tal.

Algumas das técnicas associadas à competência empreendedora podem ser assimiladas com maior ou menor facilidade e postas a serviço de um objetivo específico. É possível, por exemplo, elaborar um plano de negócios mais ou menos complexo, dominar e utilizar com eficiência as ferramentas de marketing e adotar procedimentos corretos de gestão financeira. Isso, no entanto, não é suficiente para transformar alguém em empreendedor (ou seja, em alguém capaz de conduzir a vida profissional com base em valores empreendedores). Para isso, devem-se desenvolver habilidades e atitudes como: aceitar correr riscos, ter visão de futuro, ser autoconfiante e ter a capacidade de sonhar e de realizar. Deve-se, enfim, gostar de tomar iniciativa e de ter uma predisposição favorável para realizar algo.

Depois da década de 1960, a partir de pesquisas realizadas por psicólogos comportamentais, muitos estudiosos analisaram o perfil dos empreendedores a partir de algumas características manifestadas por pessoas bem-sucedidas em sua ação empreendedora. Os estudos não apenas passaram a auxiliar na identificação da potencialidade para empreender, como também se tornaram referência para projetos educacionais voltados para a criação de um ambiente favorável à ação empreendedora. Assim, estimularam o fortalecimento de uma cultura voltada para a valorização dessa competência.

A pesquisa pioneira na identificação das características de comportamento dos empreendedores de sucesso foi realizada pelo psicólogo canadense David McClelland, que trabalhava na Harvard Business School nos anos 1960. A partir dos levantamentos que fez, ele passou a identificar o empreendedor como um indivíduo motivado para a realização. Segundo ele, **o empreendedor é alguém que tem a necessidade de agir e de buscar mudanças em sua vida, que estabelece metas e busca concretizá-las, que sempre se coloca em situações de desafio e consegue superá-las** (McClelland, 1972).

Embora não exista um consenso entre os especialistas a respeito das características do empreendedor, a pesquisa de McClelland é ainda hoje apontada como o estudo mais completo realizado com essa finalidade. O modelo desenvolvido por ele na década de 1980 constitui-se na base teórica de um programa de treinamento para empreendedores patrocinado pela Conferência das Nações Unidas para Comércio e Desenvolvimento, conhecida pela sigla em inglês UNCTAD (*United Nations Conference on Trade and Development*), já aplicado em mais de quarenta países. Em sua pesquisa, McClelland identificou um conjunto de dez características encontradas em empreendedores de sucesso e as dividiu em três conjuntos específicos: **realização, planejamento** e **poder** (Sebrae, 2007).

Conjunto de realização

1. Busca de oportunidades e iniciativa
Quem manifesta essa característica age antes de ser solicitado ou antes de ser forçado a agir pelas circunstâncias. Aproveita as oportunidades pouco evidentes para começar um negócio ou para efetivar mudança na carreira.

2. Exigência de qualidade e eficiência
Pessoas que encontram maneiras de executar suas atividades com maior qualidade, menos tempo e menos custos do que as outras. Utilizam-se de procedimentos para assegurar que o trabalho atenda ou supere os padrões de qualidade previamente combinados.

3. Persistência
A pessoa persistente age repetidamente ou muda de estratégia, a fim de enfrentar um desafio ou superar um obstáculo. Faz um sacrifício pessoal ou desenvolve um esforço extraordinário para completar uma tarefa.

4. Independência e autoconfiança
Caracteriza-se pela busca de autonomia em relação a normas e controles externos e pela manutenção de seu ponto de vista mesmo diante da oposição ou dos resultados inicialmente desanimadores.

Conjunto de planejamento

5. Correr riscos calculados
Essa pessoa avalia alternativas e calcula riscos deliberadamente. Age para reduzir os riscos ou controlar os resultados e coloca-se em situações que implicam desafios ou riscos moderados.

6. Busca de informações
Dedica-se pessoalmente a obter informações de clientes, fornecedores e concorrentes. Investiga pessoalmente como fabricar um produto ou fornecer um serviço. Consulta especialistas para obter assessoria técnica ou comercial.

Conjunto de poder

Estabelecimento de metas
Estabelece metas e objetivos que são desafiantes e que têm significado pessoal. Define metas de longo prazo, claras e específicas. Estabelece objetivos mensuráveis e de curto prazo.

Planejamento e monitoramento sistemáticos
Tem a capacidade de dividir tarefas de grande porte em subtarefas, com prazos definidos para sua realização. Constantemente revisa seus planos, levando em conta os resultados obtidos e as mudanças circunstanciais.

Comprometimento
Assume responsabilidade pessoal pelo desempenho necessário para o alcance de metas e objetivos. Colabora com os empregados ou coloca-se no lugar deles, se necessário, para terminar um trabalho.

Persuasão e redes de contato
Utiliza estratégias deliberadas para influenciar ou persuadir os outros. Vale-se de pessoas-chave como agentes para atingir seus próprios objetivos. Age para desenvolver e manter relações comerciais.

Fonte: Sebrae (2007).

Psicólogos comportamentalistas que se dedicaram ao tema em trabalhos posteriores elaboraram uma lista de características que avança em relação àquelas definidas por McClelland. Segundo eles, os empreendedores são inovadores, líderes, independentes, criadores, energéticos e assumem riscos moderadamente. Demonstram tenacidade e têm necessidade de realização. Buscam o autoconhecimento e a autoconfiança. São tolerantes diante da ambiguidade e da incerteza. Tomam iniciativas e valorizam a aprendizagem. São originais, otimistas, orientados para os resultados, flexíveis e engenhosos. Utilizam seus recursos a serviço do empreendimento e têm sensibilidade em relação aos outros. São agressivos nas ações e têm tendência para confiar nas pessoas. Finalmente, veem o dinheiro como medida de desempenho.

O professor Louis Jacques Filion, da HEC Montreal Business School, no Canadá, pesquisador contemporâneo do comportamento empreendedor, afirma que os empreendedores têm um modelo mental específico. São pessoas que buscam diferenciar-se dos demais e usam muito bem a intuição. Filion (1999) acredita que o empreendedor de sucesso terá a maior parte das características, listadas a seguir, manifestadas em seu comportamento:

- **Criatividade**
- **Liderança**
- **Independência**
- **Energia**
- **Tenacidade**
- **Flexibilidade**
- **Orientação para resultado**
- **Aprendizagem constante**

Fernando Dolabela, em seu livro *Empreendedorismo: a viagem do sonho* (2002), apresenta o conjunto de características empreendedoras de forma diferente. Segundo ele, não se trata mais de traços de comportamento. Ele agrupa as atitudes e habilidades a partir das referências identificadas com as características culturais e do momento em que vive o empreendedor. Acompanhando a tendência atual das pesquisas em gestão de pessoas sobre a importância do saber agir também para o empreendedor, muitos pesquisadores têm contribuído para o desenvolvimento dessa área de conhecimento, focando as atitudes e competências.

Existem também estudos sobre competências associadas a posturas empreendedoras. O professor Sérgio C. Benício de Mello utilizou o conceito de competência que engloba traços de personalidade, habilidades e conhecimento, que são influenciados pela experiência, pela educação, pela família e por outros aspectos específicos a cada pessoa; e o categorizou em seis áreas distintas, com base nos estudos de Man e Lau (2000 apud Mello et al., 2006):

✓ **Competência de oportunidade:** ação de reconhecimento de uma oportunidade de negócios, seja esta uma nova atividade a ser desenvolvida pela empresa, seja uma nova maneira de inserção de produtos/serviços já existentes.

✓ **Competência de relacionamento:** o relacionamento em rede é reconhecido como uma ação fundamental para o desenvolvimento profissional. Demanda do empreendedor a capacidade de criação e fortalecimento de uma imagem de confiança, de uma boa reputação.

✓ **Competência conceitual:** indica que os empreendedores são hábeis observadores tanto das oportunidades do ambiente quanto dos aspectos internos da organização. Eles desenvolvem ações velozes, intuitivas e inovadoras.

✓ **Competência administrativa:** eficácia em buscar e alocar talentos, recursos físicos, financeiros e tecnológicos eficientemente. Este processo desdobra-se nos mecanismos de planejamento, organização, liderança, delegação e controle.

✓ **Competência estratégica:** relaciona-se às ações de escolha e implementação de estratégias organizacionais. Refere-se tanto à visualização de panoramas de longo prazo como ao planejamento de objetivos de médio prazo.

✓ **Competência de comprometimento:** está relacionada à manutenção da dedicação ao negócio, sobretudo em situações adversas. Exemplificada pela devoção ao trabalho árduo e pelo desejo de alcançar objetivos de longo prazo em detrimento dos ganhos de curto prazo. Vinculada ao senso de responsabilidade e às crenças e valores pessoais.

✓ **Competência de equilíbrio trabalho/vida:** as ações de manutenção do equilíbrio entre vida pessoal e profissional repercutem significativamente na organização e na vida dos dirigentes na medida em que uma não está em detrimento da outra.

O que é fundamental nesses estudos é que todos, de uma forma ou de outra, consideram que *o comportamento empreendedor pode ser desenvolvido*, pois ele não é um traço de personalidade que a pessoa traz ao nascer, são potencialidades que podem ser identificadas e aprimoradas durante a vida. A competência empreendedora tem sido foco de programas educacionais tanto na formação acadêmica como na organizacional, com o intuito de auxiliar as pessoas que desejam desenvolver uma nova atitude, mais inovadora, e realizar seus projetos com sucesso.

Como se vê, vários estudiosos fizeram levantamentos das características, atitudes e comportamentos do empreendedor, e é importante notar que todos eles, de certa forma, trazem à tona conceitos muito parecidos. O fundamental, portanto, é aprender a desenvolver essa competência. Mas para quê?

De modo geral, todo empreendedor, independentemente do caminho pelo qual escolha conduzir sua vida profissional, é um realizador de sonhos e transformador de sua realidade.

A competência empreendedora é a maneira de agir no caminho do sucesso e da felicidade desejada. Muitas pessoas abandonam seus sonhos ou deixam de sonhar por não conseguirem imaginar uma forma de concretizá-los, por não acreditarem que têm dentro de si as ferramentas necessárias para a realização.

Criar uma identidade empreendedora é um processo iniciado pelo autoconhecimento, seguido pelo conhecimento do contexto em que se está inserido e pela capacidade de estar sempre se desenvolvendo e promovendo crescimento. Para isso é importante conhecer seus limites e potencialidade e estar sempre disposto ao novo, às mudanças e ao aprendizado.

Um empreendedor é um protagonista social, integrado consigo mesmo, com seu tempo e com sua comunidade, e está em constante aprendizado. Portador de uma identidade autônoma e realizadora, vive intensamente a capacidade de aprender a aprender.

O que caracteriza os elementos da dimensão técnica é que todos eles são internos à pessoa. Ou seja, são elementos que assimilamos, aprendemos e praticamos. E, para cada um de nós, têm o mesmo significado da chave de ouro que Alice encontra sobre a mesa de vidro e que abre a porta para o País das Maravilhas. A chave está à espera, basta que queiramos utilizá-la para abrir as portas de nosso projeto empreendedor.

Além dos elementos definidos anteriormente pelos estudiosos da competência profissional, essa chave é composta por cinco elementos fundamentais:

Conhecimento

É aquilo que sabemos com base nas informações que assimilamos e nas experiências que vivemos. É o que aprendemos na escola e no trabalho.

2 Habilidade

É o nosso talento. Ou seja, entre as tarefas que somos capazes de realizar, aquela que desempenhamos de forma destacada.

Atitude

É a crença em nossa capacidade de realização. É a ação orientada pela intenção de realizar algo e de alcançar um objetivo específico.

Valores

É o que nos permite escolher, diante dos caminhos que se abrem à nossa frente, aqueles que alinharão nossa conduta com a transformação desejada. São os princípios nos quais nos baseamos.

Emoções

É o estado interno que nos mobiliza ou nos paralisa diante das situações que enfrentamos. A intenção, aqui, é saber canalizar nosso estado emocional para que ele nos impulsione da forma mais positiva possível na direção de nosso projeto.

Quem quer faz.
Quem não quer espera.
– Iniciativa e internalidade –

Você é uma pessoa empreendedora?

Diante dessa pergunta muita gente fica em dúvida e não responde positivamente por desconhecer algumas características importantes do comportamento empreendedor que estão presentes na vida de diversos profissionais bem-sucedidos. É comum encontrar pessoas que se apresentam como empresário, gerente, supervisor, entre outras funções organizacionais mais conhecidas, porém raramente alguém se identifica como empreendedor, principalmente se não for dono de um empreendimento. Assim também aconteceu com Sílvia durante sua capacitação em cultura empreendedora. Como professora de estética, ela sempre teve a preocupação de ser uma profissional atualizada. Fez diversos cursos, participou de diferentes eventos e trouxe informações novas para a sala de aula. Sempre buscou fazer algo diferente para se destacar e tornar seu trabalho mais atraente para seus alunos e para a instituição em que ensina. Achava que merecia mais e se preparava constantemente para cada degrau de sua carreira. Disposta e atenta a novos desafios, tomou a iniciativa de se candidatar a uma vaga de assistente técnico, e conseguiu. Foi nesse período que descobriu dois elementos atitudinais importantíssimos para que alguém possa se considerar empreendedor e, portanto, protagonista de sua própria trajetória profissional.

O empreendedor é uma pessoa realizadora. A principal motivação é ver sua obra construída e ter o orgulho de dizer: "Fui eu que fiz!". Por isso ele é uma pessoa de iniciativa e possui lócus de controle interno. Chamamos de iniciativa a capacidade de fazer algo sem ser solicitado, de se antecipar aos acontecimentos e agir prontamente. Essa prontidão está presente desde o gesto de catar um papel no chão, que não foi jogado pela própria pessoa, até criar um novo e revolucionário aparelho para filtrar e reutilizar a água de indústrias químicas. A iniciativa não se mede pelo tamanho ou pela importância da consequência, e sim pela disponibilidade de agir, de se colocar em movimento em prol de alguma demanda do contexto ou de atender um desejo pessoal. É a habilidade de se engajar facilmente num novo projeto.

Algumas pessoas só iniciam algo se forem solicitadas a fazê-lo. Mesmo que queiram muito realizar um sonho, parece que lhes falta ânimo para concretizar seus desejos. "Preciso criar coragem." Essa é outra frase comum de pessoas que gostariam de abrir um negócio, de se candidatar a uma promoção, de mudar de país, mas não têm iniciativa. A coragem está de fato intimamente ligada à iniciativa. A palavra *cordis*, em latim, significa coração e também ânimo, portanto, para iniciar algo é preciso que o coração esteja envolvido, é preciso ânimo e energia para sair do lugar em que se está e começar uma caminhada em direção ao que se deseja. **Criar coragem é se colocar em movimento com vontade de realizar.**

Complementando a iniciativa, o outro elemento que sempre está presente na realização de um empreendimento é a internalidade (lócus de controle interno). O que chamamos de internalidade é a capacidade de a pessoa creditar para si e assumir a responsabilidade pelos acontecimentos de sua vida. Atribuir a seus esforços pessoais o sucesso ou o fracasso de uma empreitada. Esse tipo de controle está presente no simples fato de reconhecer que a festa de seu aniversário foi boa porque você convidou as pessoas certas, ou então quando um profissional pede demissão da direção de uma empresa por assumir ser sua a responsabilidade por um prejuízo financeiro ou pela queda nas vendas. Indivíduos com o lócus de controle interno desenvolvem uma percepção de controle pessoal sobre os fatores que estarão influindo na sua capacidade de realização.

A teoria sobre lócus de controle foi criada pelo psicólogo social Julian Rotter, em 1966, para explicar a expectativa que pessoas possuem sobre o controle das situações de vida em que estão envolvidas. Ele identificou dois tipos de fatores: internos (esforço próprio, competência pessoal) e externos (a sorte, o acaso ou o poder de outros indivíduos). Há sempre uma predominância de um dos dois tipos de atribuições no comportamento social de um indivíduo e isso depende da percepção de cada um em relação aos fatos (Ribeiro, 2000). A internalidade está ligada às pessoas empreendedoras, pois propicia uma maior disponibilidade de assumir as consequências de seus atos, conferindo maior autonomia e autoconfiança. As pessoas ficam mais atentas a oportunidades no contexto para aumentar a possibilidade de atingirem seus objetivos.

Outro fator que ajuda no desenvolvimento dos tipos de atribuição é o ambiente social e familiar no qual a pessoa vive. Pessoas com tendência à internalidade cresceram em famílias que enfatizaram o valor do esforço pessoal, da responsabilidade, e desenvolveram a crença de que "quem quer faz" com as próprias mãos. Algumas culturas, como a oriental e a anglo-saxônica, estimulam que as pessoas sejam mais autoconfiantes, que acreditem no seu poder pessoal de realização, diferenciando os limites reais da externalidade da pressão ou do controle de outras pessoas sobre sua vontade.

Um empreendedor tem o foco na construção e na concretização de seus sonhos e planos. Sua satisfação está presente na conquista e na realização de projetos, seja em uma empresa, seja em sua carreira profissional, e em qualquer um desses casos estarão presentes as duas características de comportamento: a iniciativa e a internalidade. Foi assim que Sílvia passou a se identificar como empreendedora. Sempre tomou iniciativa em relação ao trabalho e sempre se considerou a principal responsável pelo seu crescimento profissional. Atualmente, ela coordena vários cursos e sabe que depende dela continuar se desenvolvendo, buscando conhecimento dentro e fora da instituição para fazer uma carreira empreendedora.

A atitude empreendedora somente será percebida em pessoas que agem com o coração, buscam concretizar seus projetos e acreditam que são capazes de ir além dos limites impostos pela realidade. A iniciativa e a internalidade contribuem para que as pessoas sejam protagonistas de sua trajetória. Afinal, o sucesso de um empreendedor não está escrito nas estrelas, e sim no seu próprio coração. Por que tenho que pensar em empreender?

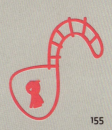

TERCEIRA PARTE

DIMENSÃO ESTRATÉGICA

Alice e o Chapeleiro Maluco: aqui somos todos loucos

Depois de dizer a Alice que saber o destino é parte essencial da caminhada, o Gato de Cheshire apontou com a pata direita para o caminho da casa do Chapeleiro e, com a outra pata, o caminho para a casa da Lebre de Março. Advertiu que a menina poderia visitar qualquer um deles, e que os dois eram loucos.

Mesmo em dúvida quanto ao caminho a seguir, a menina chega finalmente à casa do Chapeleiro e encontra, debaixo de uma árvore, uma mesa grande posta para o chá. A Lebre de Março aparece, e os três travam uma conversa que parece não ter pé nem cabeça, mas que (como tudo no livro de Lewis Carroll) é repleta de frases interessantes, que nos levam a estabelecer uma ponte entre o mundo da fantasia e o mundo real.

A certa altura do encontro, o Chapeleiro explica para Alice que para eles é sempre hora do chá. Desde que a Rainha de Copas o acusou de assassinar o tempo, eles estão brigados, e o relógio marca continuamente seis horas. Sendo assim, eles não têm tempo para lavar a louça. Por isso, ficam mudando de lugar na mesa o tempo todo e, para preencher esse tempo, o Chapeleiro usa a imaginação para criar enigmas e histórias.

A imaginação é fundamental para a calibragem dos elementos que ajudam a definir a estratégia de atuação. Para utilizá-la, é necessário desprender-se do tempo presente e esquecer seu modo habitual de agir e de pensar. O foco está no futuro, naquilo que não pode tocar aqui e agora. É mais ou menos como olhar um mundo com um telescópio, que traz para perto de nós objetos que parecem distantes e inalcançáveis. Parece impossível, mas nossa mente é capaz desse desprendimento do real, concreto e lógico.

> **Existem elementos básicos na vida que precisam ser resgatados ou desenvolvidos para que se possa experimentar a grandeza da capacidade humana de abstrair, imaginar, criar e revolucionar.**

Numa das passagens de *Alice através do espelho*, o livro que leva a adolescente Alice de volta ao País das Maravilhas, a garota conversa com a Rainha Branca sobre a impossibilidade de se acreditar em coisas impossíveis. A Rainha diz, então, que o que falta a Alice é prática: "Quando eu era de sua idade, sempre praticava meia hora por dia. Algumas vezes cheguei a acreditar em até seis coisas impossíveis antes do café da manhã" (Carroll, 2009, p. 228).

As capacidades humanas essenciais para a atitude empreendedora não são exatamente e apenas as que consideramos racionais e lógicas. A explicação sobre a diferença das funções cerebrais do hemisfério direito (espacial e intuitivo) e do esquerdo (lógico e sequencial) vem sendo contestada pelas pesquisas contemporâneas da neurociência que apontam que a criatividade, a emoção e outras funções atribuídas ao lado direito são acionadas por várias estruturas diferentes, espalhadas nos dois lados do cérebro. Os aspectos emocionais, intuitivos e criativos são funções cerebrais especiais para um empreendedor; muitas pessoas que acreditam não ter nascido com essas capacidades afloradas acham que será impossível desenvolvê-las. Mas não é bem assim. Vamos ver, a seguir, seis capacidades humanas "impossíveis" que precisam ser treinadas. Não necessariamente antes do café da manhã, pode ser na hora do chá.

SEIS COISAS "IMPOSSÍVEIS"

SONHO

O sonho, ou a capacidade de sonhar, é um dos principais elementos – senão o mais importante de todos –, fruto da imaginação e da nossa capacidade de visualizar mentalmente o que não está acessível aos sentidos.

O sonho é algo impossível. É preciso acreditar nas coisas impossíveis para reconhecer um sonho. Desejo, aspiração e desafio são palavras utilizadas como sinônimos para explicar algo capaz de mobilizar uma pessoa e levá-la a conquistar aquilo que a tornará mais feliz. A importância do sonho está na capacidade que ele tem de apontar o caminho que leva uma pessoa a realizar algo que, a princípio, parece além de suas forças e de sua compreensão. **A característica mais interessante dos sonhos é que eles não obedecem às leis convencionais da lógica e da razão.**

Ao contrário das atividades que realizamos em vigília, a construção do sonho é governada pela abstração, pelo inconsciente, pelo fantástico. Resulta da imaginação. É preciso, no entanto, ter consciência de que o sonho é algo completamente diferente de projeto de vida. Enquanto o sonho é algo difuso, instigante e aparentemente impossível de ser realizado a partir da realidade presente, o projeto é algo palpável e possível de ser executado em curto prazo.

Sonhar faz parte da vida de todos nós. Algumas pessoas sonham todos os dias, vários sonhos diferentes. Outras sonhavam quando eram crianças, mas hoje já não sonham mais. Existem pessoas que têm um grande sonho na vida e vivem por ele. De qualquer forma, mesmo que alguém não se enquadre em nenhuma dessas categorias, com certeza já fez parte do sonho de alguém, ou vive uma situação construída a partir do sonho de outra pessoa.

Nossa realidade é resultado de sonhos de muitas pessoas.

Em diferentes épocas, existiram aqueles que construíram nossa história a partir de seus sonhos. Homens que sonharam em descobrir um mundo novo e começaram a povoar e colonizar as Américas. Homens como o ex-presidente da República Juscelino Kubitschek, que sonhou e deu início à construção de um Brasil moderno, ou como o empresário norte-americano Bill Gates, que sonhou com um mundo mais simples e prático, e criou uma grande empresa de produtos que estão na maioria dos lares e das empresas do mundo. E certamente temos muitos exemplos de pessoas menos conhecidas, mas nem por isso menos sonhadoras, que imaginaram um futuro diferente da situação em que viviam e agiram para fazer nossa cidade melhor, nosso trabalho mais agradável e nossa vida mais confortável.

Em sua infância, na cidade paulista de Bauru, o menino Ozires Silva costumava conversar com o amigo Zico sobre o sonho de fazer aviões — isso muitos anos antes de, já oficial da aeronáutica, começar a estudar engenharia e ter a possibilidade de fazer seus primeiros projetos. O resultado desse sonho de criança foi a Embraer, uma empresa que, com o passar do tempo, se tornou a terceira maior fabricante de aviões do mundo.

Histórias como essa só se tornam conhecidas e admiradas depois que o sonho se concretiza. Ou melhor, depois que o sonho se materializa numa obra que, antes de ficar pronta, exigiu muito trabalho e energia. Essas histórias têm a utilidade de mostrar que, para os que pretendem ter uma atitude empreendedora, o papel do sonhador é fundamental. É ele que nos ajudará a descobrir nossos desejos mais profundos e nos motivará a encontrar algo inovador para definir nossos propósitos de vida. O problema é que, muitas vezes, o sonhador estará sozinho e não receberá qualquer apoio das pessoas à sua volta.

A pessoa sonhadora nem sempre é bem vista no ambiente de trabalho ou

é apoiada pela família e pelas pessoas que fazem parte de seu ambiente social. Normalmente vista como alguém dispersiva ou fora da realidade, ela nem sempre é levada a sério. A família, a escola e muitos grupos sociais de que participamos durante nosso processo de amadurecimento contribuem para que os sonhos sejam abandonados e fiquem no meio do caminho. Porém, sempre é tempo de recuperá-los. Ou então, de gerar novos sonhos que serão a base da criação de um futuro diferente. O País das Maravilhas pode ser visto como um sonho da menina Alice. E o seu sonho? Com que tipo de lugar ou de situação você sonha?

Como Alice, muitas pessoas não acreditam em coisas impossíveis. Elas perderam a capacidade de sonhar e desejar algo grandioso para sua vida. Um bom exercício para recuperar ou aprimorar a capacidade de sonhar é lembrar os sonhos do passado e anotar o que aconteceu com eles. Para facilitar esse processo, o bom é dividir o sonho de acordo com o momento da vida. Anote os sonhos que você tinha na infância, na adolescência e na juventude. Depois de lembrar o que aconteceu com eles, liste três sonhos que ainda gostaria de realizar. Ou faça como a Rainha Branca: **dedique pelo menos meia hora de seu dia a pensar em coisas que pareçam impossíveis.**

PAIXÃO

Viver sempre apaixonado parece algo impossível. Todos nós temos sonhos e, para conquistá-los, somos movidos pela paixão. No livro *Alice através do espelho*, a garota chega a um jardim no País das Maravilhas e vê que seu terreno é recortado por riachos que o fazem parecer com um tabuleiro de xadrez. A cena a encanta e faz o coração da jovem disparar, movido pelo desejo de participar de uma partida de xadrez em que todos pareciam se divertir. O desejo a transportou para uma nova aventura em que ela enfrenta diversos obstáculos para conquistar a coroa de rainha na oitava casa do fabuloso tabuleiro do País das Maravilhas. O desejo superior — ou seja, a paixão — é a grande força que impulsiona as pessoas para a realização de seus sonhos. Ela potencializa os sentidos e estimula as pessoas a persistirem e conquistarem seus desejos. Se o sonho revela o destino que pretendemos alcançar, a paixão nos coloca em movimento para alcançá-lo. Paixão é a energia vital que integra a emoção e a razão na ação humana para atingir um propósito.

Quando a paixão se manifesta, todos os nossos recursos físicos, emocionais e mentais são postos a serviço da conquista daquele objetivo. Uma pessoa apaixonada vê e percebe o mundo de uma forma diferente — sua forma de agir se modifica. A paixão potencializa as funções cognitivas e torna a pessoa mais focada em seus propósitos, a ponto de utilizar seu potencial analítico, sua capacidade de avaliação e de cálculo com muita agilidade e eficiência. A paixão integra os sentidos, aguça a visão, aumenta a capacidade de percepção dos detalhes e torna as pessoas mais sensíveis aos estímulos do ambiente. Elas tornam-se, então, autoconfiantes e acreditam em sua capacidade pessoal, mesmo que não tenham apoio de outras pessoas. Superam obstáculos com ousadia e passam a ter visão positiva da realidade.

O problema, no entanto, é que a paixão é temporal. Quando a conquista daquilo que se deseja é alcançada, a paixão parece esvair do corpo e da mente. Em sequência, a pessoa sai desse estado especial e seu funcionamento volta ao "normal". A maioria das pessoas considera os períodos em que estão envolvidas pela paixão os melhores da vida. Sabemos que o ser humano é capaz de apaixonar-se várias vezes. Mas é possível estar sempre apaixonado? Como fazer para manter sempre uma energia vigorosa que nos faça ser alegres, intensos, produtivos e conquistadores?

O que acende a paixão humana? Para alguns filósofos, ela brota dos desejos da alma e das necessidades do corpo. Esses são os elementos que alimentam essa energia vital. Sendo assim, a paixão é alimentada pelo novo, pelo desafio de se alcançar algo diferente do que possuímos, pelo desejo ou pela necessidade. Algo que atenda aos nossos anseios e complemente nossas conquistas e realizações.

E encontra-se, como parece natural concluir a essa altura da caminhada, presente na bagagem que carregamos em nossa viagem empreendedora. **Uma pessoa com atitude empreendedora parece manter sempre acesa a chama da paixão. É sempre atraída pelo novo, promovendo mudanças na sua trajetória e buscando inovar constantemente.** Em sua aventura infantil no País das Maravilhas, Alice desejou ser Duquesa. Ao retornar, já adolescente, ela sonhou em ser Rainha. A cada vez que sua vida volta à rotina, ela se transporta para o País das Maravilhas para reviver a sensação dos perigos e das delícias desse mundo mágico que desperta sua paixão.

E você? Qual novo desejo fará despertar sua paixão?

Paixão e atitude empreendedora

O que leva uma pessoa com uma carreira bem-sucedida no mercado financeiro a largar tudo e se lançar à aventura de abrir seu próprio negócio numa área completamente diferente? A maioria dos parentes e dos amigos talvez considere esse gesto uma loucura. Se está tudo bem no trabalho, se a remuneração é mais do que satisfatória, se a competência é reconhecida, se há ainda uma longa estrada de promoções pela frente, por que deixar o emprego e empreender?

Pode parecer estranho, mas muitos empreendedores agem exatamente dessa forma. Depois de observar o movimento de alguns deles, cheguei a uma conclusão sobre a força que impulsiona essas pessoas para fora do emprego e as leva a começar do zero um negócio: é a paixão. A paixão por flores, por exemplo, pode inspirar alguém a sonhar em abrir uma floricultura e impulsioná-la a transformar esse sonho em realidade. É ela – a paixão – que motiva a maioria das pessoas a investir numa nova vida profissional. Por paixão as pessoas são capazes de mudar o mundo. Adquirem uma força interna que sustenta as mais ousadas decisões. Revestem-se de uma energia que impulsiona tudo e todos que estejam a sua volta numa mesma direção: a de realizar seus sonhos. É por ela, por exemplo, que a paulistana Gislene Mesiara, a Gica, explica sua atitude empreendedora.

Gica, uma jovem de origem humilde, trabalhava e estudava para ascender em sua carreira bancária. Em pouco tempo, conseguiu um alto posto de executiva de uma instituição financeira. Dedicada e competente, era ela quem cuidava da carteira de investimentos de alguns dos melhores clientes da instituição. Essa moça bem-sucedida, no auge da carreira, largou tudo e mudou a rota da sua vida. Dez anos atrás, ao retornar de uma viagem de férias no sul da Bahia, tomou uma decisão. Por amor à natureza, decidiu abandonar o alto salário, os bons restaurantes, as roupas caras e um escritório confortável para investir na sua paixão.

Não seria mais uma ecoturista, mas sim trabalharia direto com a natureza. Trocaria as roupas de grife por botinas e macacão. As mãos não lidariam mais com computadores e canetas caras. Estudou paisagismo e desenvolveu um produto inovador: os quadros vivos. Trata-se de plantas naturais dispostas numa moldura que, presa à parede, parece um quadro. Gica criou um dispositivo controlado por um *software* desenvolvido a seu pedido. Por meio dele, cada planta do arranjo recebe a quantidade de água certa no tempo desejado.

A paixão e a atitude de Gica resultaram num casamento tão perfeito que, atualmente, ela dedica sua vida a seu negócio: levar a natureza para mais perto das pessoas que moram nas grandes cidades. Projeta jardins verticais, inclui quadros vivos na decoração de casas e apartamentos. Hoje, Gica é uma empreendedora de sucesso, reconhecida no mercado como empresária inovadora que respeita e defende o meio ambiente. Mas ela é, principalmente, feliz.

Algumas pessoas conseguem isso. Para tanto **é preciso, depois do sonho, ter a atitude de empreender e acreditar no próprio talento.** Deixar a paixão tomar conta e se encher de coragem, colocar sua energia vital na busca do seu objetivo de vida.

Atitude é um sistema de princípios que utilizamos para agir de forma favorável ou desfavorável diante de uma situação de vida. Os movimentos que nos conduzem à materialização dos nossos desejos são orientados pela razão, ação e emoção.

A razão representa os elementos ou as funções cognitivas que produzem nossa opinião racional, nosso pensamento sobre algo. A ação é o comportamento propriamente dito – aquilo que fazemos para concretizar nossa participação em um determinado evento. A emoção é o afeto que produz a aceitação ou repulsa diante de um determinado fato e nos leva a qualificá-lo como bom, ruim, excelente ou péssimo.

É a emoção que define se gostamos ou não das pessoas, dos lugares, das coisas, podendo tornar uma determinada situação muito prazerosa. É ela que define a intensidade e mensura nosso envolvimento com um determinado fato. Junto à razão e à ação, a emoção produz um sentido, um significado para nosso comportamento social e nos ajuda a construir nosso modo de vida.

Ser empreendedor é um estilo de vida que envolve formas específicas de pensar e de reagir perante as situações do mundo. É muito comum considerar a atitude empreendedora um comportamento racional desprovido da influência das emoções. Empreender, na visão de muita gente, sempre deve ser o resultado de aspectos da razão (como, por exemplo, a análise de mercado, o plano de negócio) e da realização (tomar iniciativa, correr risco, abrir uma empresa, fazer o produto acontecer). As emoções quase nunca aparecem entre as causas do sucesso de um negócio. No entanto, elas são fundamentais.

Paixão, esse é o nome da emoção, da energia capaz de fazer com que as pessoas realizem seus sonhos. A paixão potencializa as forças, aguça os sentidos e impulsiona as pessoas a persistir e realizar seus sonhos. É o combustível vital, que integra a emoção e a razão na ação humana.

Para um empreendedor, a paixão é fundamental. Trabalhar com aquilo que se ama e que dá prazer pode estar ao alcance de muita gente. **Os empreendedores colocam o seu sonho em primeiro lugar e buscam uma forma criativa de trabalhar e de serem bem-sucedidos.** São capazes de ligar o motor da realização com a paixão. Esta não nos deixa desistir das nossas escolhas.

Para Gica, a paixão foi o que lhe deu a certeza de que tinha um motivo nobre para empreender. Em 2014 ela retornou à Praia do Espelho, no sul da Bahia, lugar onde tomou a decisão de trocar a instituição financeira em que trabalhava por uma vida que lhe permitisse transformar sua paixão pela natureza em profissão. Concluiu que valeu a pena. E voltou com um novo sonho: ajudar jovens carentes a descobrirem seus talentos e investirem em suas paixões.

VISÃO

A memória da Rainha Branca, personagem de *Alice através do espelho*, é voltada para frente, ou seja, ela consegue ver o futuro: primeiro ela visualiza a cena, e só depois, numa espécie de retrospectiva, ela chega ao presente, de tal forma que, quando algo importante acontece, ela já sabia que iria acontecer. Em determinado momento, a Rainha Branca grita, e quando Alice pergunta o motivo daquela reação, ela responde que mais tarde será picada por um alfinete e, por isso, já está sentindo a dor. Algum tempo depois, Alice se oferece para ajudar a Rainha a se vestir. Ao prender o xale, o alfinete espeta a pele da Rainha. A menina, então, pergunta se ela não reagirá à dor e ouve "não" como resposta. Como já sabia o que aconteceria, a Rainha não precisava repetir o lamento.

Essa situação ajuda a explicar o conceito de visão no que concerne ao interesse deste livro. Trata-se de uma construção do futuro que se desenha no presente a partir da escolha de um ponto estratégico que orienta nossos movimentos.

À medida que a caminhada avança, os passos que conduzem ao destino desejado (ou seja, à construção de uma carreira empreendedora) vão se tornando mais claros. Permitir-nos sonhar e abrir espaço para a paixão são decisões importantes e perfeitamente possíveis em qualquer momento da vida.

O ponteiro da bússola que nos guia nessa viagem começa a apontar para a direção desejada quando acrescentamos a visão entre os itens da bagagem. A capacidade de visualização é importante para quem deseja uma carreira empreendedora. É ela que nos leva a orientar o nosso sonho (ou, para usar uma expressão mais conhecida, que nos permite sonhar acordado), tornando realmente possível conquistar aquilo que desejamos. Visualizar nossa carreira daqui a dez, quinze ou vinte anos e concentrar nossa energia naquela direção é um trabalho mental que não se confunde com

A visão deve ser inspiradora, indicar nosso destino e mostrar os passos que precisamos dar para alcançá-lo.

a ilusão (muito difundida, por sinal) de que basta imaginar algo para tornar os sonhos concretos. Não é disso que estamos falando. A visão a que nos referimos é um pouco mais intensa. Pelos olhos e pela consciência das possibilidades atuais, ela se baseia na antecipação da situação profissional que teremos no futuro em longo prazo.

O que estaremos fazendo? Com quem compartilharemos nossas conquistas? Onde estaremos vivendo?

Conforme prospectamos o que pretendemos ser no futuro, vamos percebendo os recursos necessários para alcançar nosso destino. Ninguém chega ao topo do Everest, a montanha mais alta do mundo, sem antes se preparar, treinar e escalar montanhas mais baixas. É preciso se preparar e avaliar quais recursos precisam ser agregados aos que já temos para que nos levem ao destino desejado.

Se o sonho abre as portas para a caminhada, a visão é o "norte" da bússola que levamos nessa jornada. Quem não sabe exatamente para onde está indo corre o risco de chegar ao destino e continuar caminhando sem se dar o direito de desfrutar o prazer da conquista.

Por outro lado, se a pessoa sabe aonde quer chegar, a caminhada torna-se mais segura. Podem, naturalmente, surgir obstáculos que nos obriguem a seguir por caminhos alternativos. Pode haver atrasos. Podem surgir momentos em que será preciso acelerar o passo e fazer um esforço maior do que parecia ser necessário. Mas quando sabemos para onde vamos, nada disso nos desvia do destino.

L.J. Filion define o empreendedor como uma pessoa que imagina, desenvolve e realiza visões. Para ele, a visão é uma imagem projetada, no futuro, do lugar que o empreendedor quer ver ocupado por seus produtos ou serviços no mercado, assim como a imagem projetada do tipo de processo necessário para realizá-lo (*apud* Sampaio & Masmo, 2009). Ainda de acordo com Filion, o **processo visionário** se dá a partir do suporte dos seguintes elementos:

O conceito de si: autoimagem positiva e crença na capacidade de realizar.

Energia: quantidade e qualidade do tempo dedicado ao trabalho.

Liderança: definição da amplitude do que se pretende realizar.

Compreensão do setor: conhecimento da área de atuação e identificação das oportunidades.

Relações: que possam contribuir para a realização da visão (Dolabela, 1999).

Os empreendedores podem ser descritos como visionários, pessoas que focalizam a realização de uma visão central. Eles frequentemente buscam a ajuda de outros para desenvolver e realizar as visões complementares.

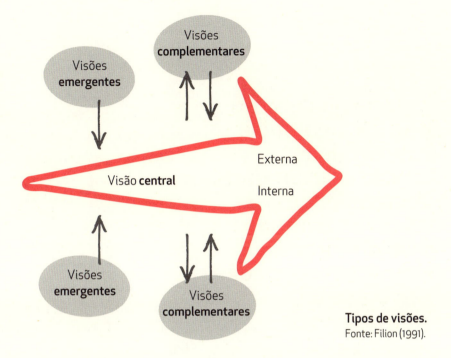

Tipos de visões.
Fonte: Filion (1991).

Três tipos de visão

Visões emergentes: são as várias ideias que ocorrem durante o processo até chegar ao formato ideal, em um ciclo contínuo de relações entre novas ideias.

Visão central: é o produto concebido, pronto, gerado a partir das combinações entre visões emergentes e complementares. Possui uma dimensão externa, que é o lugar que se quer chegar, e outra dimensão interna, que corresponde ao tipo de organização necessária para se chegar lá.

Visões complementares: são as atividades de gestão para realizar a visão central (marketing, finanças, recursos humanos, etc.).

O exercício de ver o futuro é algo que o empreendedor deve praticar diariamente. A capacidade para desenvolver uma visão do futuro pode ser despertada com o uso da criatividade. É preciso enriquecer os sonhos com detalhes concretos, como nas cenas de um filme. Uma imagem nítida do futuro. Outro exercício importante e complementar é estabelecer foco para nossa imaginação. É pensar no sonho e avaliar, com senso de realidade, os recursos necessários para sua realização. E, uma vez feito isso, avaliar quais desses recursos já estão disponíveis e quais ainda precisam ser adquiridos. Isso vale, naturalmente, tanto para quem busca ascensão na carreira profissional quanto para aqueles que pretendem prosperar à frente de um negócio próprio.

Tanto para um quanto para outro caso, é preciso saber exatamente que tipo de profissional se pretende ser. A imagem construída deve ser tão forte que é preciso, como ocorre com a Rainha Branca, sentir no presente como será o futuro. A visão é um recurso das pessoas empreendedoras, pois elas sempre antecipam sua trajetória de sucesso. Quando, nos anos 1960, o reverendo Martin Luther King Jr. declarou num discurso que tinha o sonho de que seus filhos vivessem numa nação em que não fossem "julgados pela cor da pele, mas pelo teor de seu caráter", estava oferecendo uma visão idealizada que foi fundamental para orientar o movimento pelos direitos civis nos Estados Unidos.

Para a visão se transformar em realidade, ela depende de um conjunto de circunstâncias que às vezes aceleram e às vezes retardam sua concretização. Em 1983, quase trinta anos antes do lançamento do iPad (que se deu em 2010), o empresário Steve Jobs disse durante a Conferência Internacional de Design, realizada em Aspen, nos Estados Unidos, que um dia a Apple seria capaz de criar um computador do tamanho de um livro, que poderia ser carregado para qualquer lugar e que as pessoas precisariam de menos de vinte minutos para aprender a utilizá-lo.

INTUIÇÃO

Prever o futuro pode ser algo impossível, mas todos nós temos intuição, um pressentimento sobre o que está por vir. As recentes mudanças de paradigma no mundo das carreiras e das empresas passaram a exigir das pessoas mais velocidade nas decisões. As respostas que, no passado, podiam esperar uma análise cuidadosa de dados e o estudo de um conjunto de alternativas, atualmente precisam ser dadas no mesmo instante. Isso nos coloca diante de um paradoxo: quanto mais fácil e ágil se torna a circulação de dados e de informações, mais nos tornamos dependentes de uma capacidade aparentemente subjetiva e que até pouco tempo atrás era vista com reservas e até com certo preconceito. O nome desse processo cognitivo é intuição.

Vista por muitas pessoas como uma capacidade feminina voltada somente para assuntos domésticos e familiares, a intuição passou a ser estudada, no final do século XX e início do XXI, como algo importante para as empresas e para as carreiras. Estudos realizados principalmente nos Estados Unidos passaram a incluí-la como um elemento fundamental do processo de decisão de executivos e empreendedores de sucesso.

Ao final das aventuras no País das Maravilhas, Alice, depois de mudar de tamanho várias vezes, de sentir medo de ser decapitada por ordem da Rainha e de acatar a ordem do Rei de Copas de testemunhar contra um valete que foi injustamente acusado de roubar tortas, intui que **é hora de tomar conta da situação**. E percebe que tem o tamanho ideal para se rebelar e agir como quiser. "Quem se importa com vocês?", disse Alice (a essa altura, ela tinha chegado a seu tamanho normal). "Não passam de cartas de baralho!" (Carroll, 2009, p. 95)

Depois disso, ela desperta ao lado da irmã, no mesmo lugar onde a história havia começado, e o autor deixa a dúvida se as aventuras aconteceram mesmo ou se não passaram de um sonho.

Intuição é o nome que se dá ao processo de conhecimento e entendimento imediato de uma determinada situação sem ter por base a dedução ou outros processos racionais da mente. O termo tem origem no latim e significa "ver por dentro". Para empreendedores e executivos, intuição é a capacidade de ver a totalidade e a complexidade das informações num único quadro. É a sensação de que a resposta já vem pronta assim que a questão é formulada. É como se um holofote jogasse um facho de luz e mostrasse a solução de um problema de forma clara e repentina.

Para os empreendedores, ouvir a voz interna, confiar nessa inspiração e seguir as advertências que surgem nesses momentos de "lampejo intuitivo" é fundamental. É isso que faz com que essas pessoas ajam com convicção e assertividade diante de um desafio mesmo sem saber explicar, mais tarde, como e por que seguiram por um determinado caminho quando todos pareciam ir numa direção diferente.

A intuição é uma forma de apreender o mundo a partir do conhecimento, dos valores e das experiências passadas. É uma leitura imediata dos elementos do presente e de sua aplicação no futuro. Quem toma decisões com base na intuição leva uma vantagem enorme sobre os demais. Mas é preciso tomar cuidado. Só é possível tomar boas decisões fundadas na intuição quando se conhece o ambiente e se possui domínio do assunto com o qual se está envolvido. Agir com base na percepção sem ter o conhecimento das variáveis da equação é um palpite, nunca uma intuição. Do nada só sai nada.

Após essa advertência, uma informação importante e positiva: intuição é uma capacidade que pode ser desenvolvida. Os ingredientes que a alimentam estão na experiência e no conhecimento adquiridos com o tempo. É a bagagem de vida, o autoconhecimento, a autoconfiança e o desenvolvimento de outras potencialidades, mencionadas em momentos anteriores neste livro, que fazem as pessoas assimilarem com rapidez e responderem com relativa precisão às situações novas que surgem em seu campo de atuação.

CRIATIVIDADE

É o Chapeleiro Maluco, o personagem que parecia dizer apenas coisas sem propósito, que ajuda Alice a encontrar o caminho que a conduz a seu destino. É sempre assim: quando vemos alguém fazendo algo fora do usual, tendemos a enxergá-lo apenas como um desajustado. Muitas vezes, no entanto, é de cabeças como a do Chapeleiro que brotam as ideias que, postas em prática, podem provocar transformações importantes na vida das pessoas.

"Você me acha louca?", pergunta Alice. *"Louca, louquinha!"*, responde o Chapeleiro. *"Mas vou te contar um segredo: as melhores pessoas são."* (Burton, 2010)

Não é impossível se tornar criativo!

Para ser considerada criativa, a pessoa precisa pensar e agir fora do padrão. A inglesa Mary Quant agiu fora do padrão quando criou a minissaia no início dos anos 1960. Era um traje que contrariava a tendência predominante naquele momento, e apenas as mulheres mais ousadas a adotaram. Com o tempo, a estilista tornou-se uma celebridade. Por sua criação, mereceu a honraria de ser condecorada pela rainha Elizabeth com a Ordem do Império Britânico. Contudo, a minissaia, que no princípio era vista como sinal de ousadia, de quebra de padrões e de rebeldia, mais tarde, tornou-se uma peça comum no vestuário feminino. Ela continuou na moda, mas perdeu os atributos que tinha na época de seu surgimento — a ponto de, hoje em dia, pouca gente se dar conta de que a minissaia precisou ser "criada" por alguém para existir no guarda-roupa das mulheres.

Além de pensar e agir fora do padrão, como fez Mary Quant, a pessoa criativa precisa ter uma característica importante. Ela precisa ter a capacidade de se manter sempre em movimento, de forma dinâmica e contínua. O fato de alguém agir fora do usual, de romper com as regras estabelecidas e de gerar uma mudança é fruto da criatividade. Porém, se essa característica se cristaliza e passa a ser vista como uma obrigação, a criatividade deixa de ser exercida.

Tudo que temos e somos como civilização é fruto da criatividade humana. O ser humano é naturalmente um inconformado com o padrão existente e sempre inventa algo novo e diferente para melhorar sua condição de vida. Seja por necessidade de sobrevivência, seja pela oportunidade de obter melhorias, o ser humano (desde que aprendeu a dominar o fogo e inventou a roda) tem procurado formas agradáveis de facilitar sua vida. Desde as invenções mais rudimentares até a nanotecnologia dos dias atuais, a humanidade vem criando novidades que acabam marcando seus avanços.

Por tudo isso é possível afirmar que todos nós nascemos criativos. Chegamos ao mundo com potencialidade para criar novos produtos e desenvolver novos processos. Só que, com o passar do tempo e com o processo de socialização, uns desenvolvem mais a criatividade do que outros.

QUEM É CRIATIVO?

A forma mais fácil de explicar a criatividade é relacionar essa característica com pessoas que são socialmente reconhecidas como criativas. Na nossa sociedade, cientistas, artistas e profissionais como arquitetos, estilistas e publicitários são vistos como pessoas que fazem do potencial criativo o cerne de sua atividade. São, portanto, pessoas criativas, que sempre trazem ideias novas para o centro do debate ou que encontram uma maneira original de utilizar um recurso que estava à disposição de todo mundo. Do trabalho dessas pessoas sempre surge um novo avanço científico, uma nova escultura, uma nova composição, uma nova coleção de roupas ou um novo computador.

O direito de criar, no entanto, não faz parte da realidade profissional da maioria das pessoas. Destas é cobrado agir de acordo com um padrão preestabelecido, seguir uma determinada rotina e pensar de acordo com um modelo socialmente aceito. Quando alguém no meio desse grupo tenta quebrar os paradigmas e fazer algum movimento que não estava previsto no roteiro, recebe mais críticas do que aplausos. A opinião sobre essas pessoas é menos positiva, e sempre existe a tentativa de desqualificá-las por meio de adjetivos como "excêntricas" ou "exibicionistas".

A pergunta é: Como uma característica que, em geral, é aceita como positiva pode ser recebida como algo negativo quando se manifesta nos ambientes do dia a dia? A resposta, claro, exige uma certa reflexão. Na verdade, a educação formal que recebemos pouco estimula (isso quando não tolhe por completo) o uso da criatividade. É por essa razão (ou seja, por falta de exercício) que as crianças (que de um modo geral são mais criativas e inventivas do que os adultos) perdem essa capacidade ao longo de seu desenvolvimento. Elas são estimuladas a se adequar ao padrão dominante, a não ser diferentes dos outros colegas, a reproduzir um modelo existente e acatado como correto. Com isso, a manifestação da criatividade é coibida.

No entanto, a criatividade (ou a capacidade de ser criativo) nunca desaparece e pode ser acionada a qualquer momento da vida. Para o psicólogo Howard Gardner, da Universidade Harvard, ser criativo significa fazer uma coisa, antes de tudo, incomum. Para ele, é importante que, nesse caso, a criatividade seja validada e que outras pessoas levem a sério a ideia apresentada, apesar da novidade que ela representa. Ou seja, para que a criatividade seja reconhecida, é preciso que a relevância da ideia ou da proposta seja constatada por alguém familiarizado com o assunto (Gardner, 1999).

Além disso, existem outras precondições para que a criatividade se manifeste. Uma delas é que a mente esteja livre. Qualquer pessoa já experimentou a sensação de ter as melhores ideias quando menos esperava. A solução de um problema costuma aparecer na hora do banho, durante a pescaria ou no meio de uma sessão de cinema. São nesses momentos que surgem os "lampejos" capazes de solucionar problemas e apontar

novos caminhos para nossa vida prática. Além disso, é preciso ser um bom observador dos fatos que ocorrem ao redor e ter a predisposição de relacionar os eventos da forma mais ampla possível. O físico Isaac Newton descansava sob uma árvore, quando, então, observou a queda de uma maçã. Aquele evento banal aguçou sua curiosidade (outro aspecto que já foi abordado em páginas anteriores), e ele teve a atitude de entendê-lo. O resultado disso foi a lei da gravitação universal, formulada em 1687. Exemplos como esse estão por trás da maioria dos fenômenos que promoveram o avanço da humanidade.

Desse modo, para ser reconhecido como criativo é preciso quebrar um paradigma. É preciso que a solução proposta tenha seu valor percebido e seja incorporada ao repertório de outras pessoas. O certo, porém, é que **por mais que alguém tenha a criatividade desenvolvida, é impossível ser criativo em todos os campos da inteligência humana.**

Fazendo a ligação com os assuntos que discutimos anteriormente, é mais fácil ser criativo nas áreas para as quais se demonstra talento e aptidão. Uma pessoa pode ser absolutamente criativa e genial no campo da arquitetura e ser um fracasso total no campo da engenharia — a ponto de não conseguir colocar uma casa de pé sem a ajuda de um bom calculista. Era exatamente esse, por exemplo, o caso do arquiteto Oscar Niemeyer.

Para uma pessoa ser considerada criativa é preciso que ela tenha constância nas respostas originais, e não apenas ter uma ou outra boa ideia eventualmente. É preciso que ela se desapegue das próprias ideias e tenha a capacidade de propor hoje uma solução diferente daquela que propôs ontem. É isso que explica o fato de os bons *chefs* de cozinha sempre surpreenderem os clientes com novas receitas, ou de os engenheiros mais criativos sempre modificarem os processos e encontrarem maneiras diferentes de produzir.

O QUE É CRIATIVIDADE?

Existem, evidentemente, muitas maneiras de definir a criatividade.

- **Inventividade, inteligência e talento**, natos ou adquiridos, para criar, inventar e inovar, seja no campo artístico, científico, esportivo, etc.
- Capacidade de **produzir coisas novas** e valiosas.
- Capacidade de **desestruturar a realidade e reestruturá-la** de outras maneiras.
- Ato de **unir duas coisas que nunca haviam sido unidas** e tirar daí uma terceira coisa.

A criatividade é considerada uma habilidade que gera novidades, e nisso se incluem ideias e soluções úteis para resolver os problemas e desafios do dia a dia. Como se pode ver, criatividade não é só sinônimo de genialidade ou consequência de algum talento sobrenatural. É apenas a abertura para novas possibilidades e a capacidade de relacionar a causa e a consequência dos fatos (voltando ao exemplo de Isaac Newton, a criatividade manifestou-se no momento em que ele se perguntou por que a maçã caiu).

Alguns autores dividem a criatividade em duas categorias. A criatividade pura é aquela encontrada nos artista e que, muitas vezes, é tardiamente reconhecida e identificada como genialidade. O pintor impressionista holandês Vincent Van Gogh é um ótimo exemplo dessa categoria. É conhecido o fato de ele não ter conseguido vender um único quadro ao longo de sua vida. Atualmente, no entanto, sua obra é considerada uma das mais valiosas do mundo.

A outra categoria é a da criatividade aplicada. Sua relevância está na solução de problemas. Ela é mais comum do que a criatividade pura, pois está presente em nosso dia a dia, sendo reconhecida pelo contexto em que está inserida e valorizada pelo grau de melhorias que produz. O ambiente empresarial, em razão das constantes mudanças e das novas exigências em seu cenário atual, é um espaço cada vez mais aberto para a criatividade dos profissionais. As chances de crescimento profissional são maiores para quem consegue partir de uma realidade dada (a causa) para um novo resultado (a consequência), seguindo por um caminho mais curto, desimpedido e barato do que os outros profissionais.

As **pessoas criativas** em geral são:

✓ **Curiosas:** buscam saber detalhes de tudo em que estão envolvidas, são especulativas e questionadoras.

✓ **Flexíveis:** sempre dispostas a rever seus pontos de vista sobre um problema ou circunstância e aceitam a opinião dos outros com facilidade.

✓ **Autoconfiantes:** são ousadas na forma de manifestar suas ideias, não dependem do julgamento dos outros para agir e acreditam em si.

COMO DESENVOLVER A CRIATIVIDADE

A criatividade, que pode ser um diferencial importante no currículo de qualquer profissional, é uma característica que se expressa no âmbito individual. Ela, porém, precisa ser alinhada com o contexto social e tecnológico no qual a pessoa está envolvida. Do ponto de vista empreendedor, a criatividade é a ferramenta que ajudará a encontrar formas de reduzir custos e simplificar os processos e sistemas. Ela, também, auxiliará no desenvolvimento de novos produtos, adequados a novos segmentos de mercado.

Para **desenvolver a criatividade** é necessário:

- **Aprender a "brincar" com as ideias.** Isso permite que elas surjam com mais facilidade e venham à tona sem qualquer julgamento imediato. O senso de humor é uma característica primordial para ver outros lados de uma situação.
- **Dividir as ideias com outras pessoas.** As ideias compartilhadas e discutidas com outras pessoas são submetidas a uma espécie de avaliação que pode ajudar a melhorá-las.
- **Utilizar várias fontes de inspiração.** Frequentar lugares diferentes dos usuais, ler autores de áreas diferentes do seu campo de atuação, conversar com amigos que tenham interesses diversos e diversificar as fontes de conhecimento é fundamental para o processo criativo.

O publicitário Washington Olivetto diz que os profissionais responsáveis pela criação publicitária que se valem apenas de outras campanhas publicitárias como fonte de informação, ainda que saibam muito, tenderão apenas a repetir o que os outros já fizeram e jamais poderão ser considerados criativos.

Outro exercício que ajuda a liberar a criatividade é ficar atento aos elementos que bloqueiam essa característica e procurar eliminá-los ou reduzi-los a um ponto que não a impeça de aflorar. Os principais **bloqueadores da criatividade** são:

Timidez: ter vergonha de arriscar, de expor as próprias ideias e de ser considerado maluco ou desajustado como o Chapeleiro Maluco e a Lebre de Março.

Acomodação: aceitar a rotina, ficar na zona de conforto sem disposição para mudanças, como Alice estava antes de sair atrás do Coelho Branco.

Imediatismo: fazer tudo depressa para se livrar da tarefa o mais rápido possível (como faz o Coelho Branco) inibe experimentar outras formas, outros caminhos.

Prudência: a influência acentuada do medo faz com que a pessoa evite o diferente e o novo e se contente com o que já possui – "se está dando certo, por que mudar?". É como faz o Esquilo, um dos personagens que participam da festa do chá na casa do Chapeleiro. Ele passa o tempo todo fingindo que dorme e só dá sua opinião quando os outros a exigem.

É importante deixar o Chapeleiro entrar na sua vida. Deixá-lo brincar, ousar, criar e surpreender com possibilidades nunca antes imaginadas.

CRIATIVIDADE É INOVAÇÃO?

Criatividade e inovação são conceitos que sempre andam juntos e que muitas vezes são considerados sinônimos, principalmente quando se trata de empreendedorismo. Ter ideias novas, diferentes e, portanto, criativas é fundamental para a inovação. Para ser inovadora, porém, a ideia deve ter utilidade prática no ambiente empresarial. E, claro, promover uma melhoria incremental e perceptível nos resultados econômicos e sociais. Inovação é, além da aplicação útil da criatividade, o processo que a transforma em um negócio lucrativo (Hashimoto, 2006, p. 114).

O Cavaleiro Branco, personagem de *Alice através do espelho*, fez a protagonista prisioneira para levá-la até a oitava casa do tabuleiro de xadrez na sua viagem para ser rainha. Durante a viagem, mostrou a ela suas invenções malucas e sem nenhuma utilidade.

"Sabe", continuou após uma pausa, "**o melhor é estar preparado para tudo**. É por isso que o cavalo tem todos estes grilhões em volta das patas". "Mas para que servem?", Alice perguntou com curiosidade. "Para proteger de mordidas de tubarões", respondeu o Cavaleiro Branco. "É uma invenção minha."
(Carroll, 2009, p. 273)

Na essência do conceito de inovação, que se aplica aos contextos econômico e social, está a capacidade de criar riquezas a partir do ato de transformação de algo em recursos, como também de transformar recursos existentes e de pouco valor em algo útil e de valor reconhecido. Por exemplo, os fungos que contaminavam as culturas de bactérias nos laboratórios dos cientistas eram vistos como um problema até a década de 1920. Até que o médico escocês Alexander Fleming entendeu que os fungos, por eliminarem as bactérias, poderiam também suprimir as doenças causadas por elas nos seres humanos. Foi assim que surgiu a penicilina, o primeiro dos antibióticos, responsável por salvar milhões de vidas.

O exemplo é clássico, mas sempre oportuno e suficiente para mostrar o que é, afinal, a capacidade de inovação. Fleming não criou o fungo nem o induziu a trabalhar da forma que, no final, acabou sendo aproveitada. Apenas observou sua ação e encontrou uma solução naquilo que todos os seus colegas cientistas viam como um problema. Depois de Fleming, e com base no princípio por ele descoberto, outros cientistas inovadores passaram a desenvolver outros antibióticos. E assim tem sido. A competitividade cada vez mais acentuada no mercado atual tem exigido das empresas investimentos cada vez mais vultosos em inovação. **O princípio é que as empresas mais inovadoras terão mais chances de sobrevivência, de crescimento e de sucesso.** Se pararem de inovar, estarão condenadas ao fracasso. O mesmo vale para as comunidades e para os países. Aqueles que investirem mais em inovações sociais terão mais chances de crescer, de se desenvolver e de garantir uma vida mais digna e confortável para sua população.

No caso específico das organizações, já ficou claro que, se as empresas inovadoras têm mais chances no mercado, os profissionais inovadores têm mais chances nas empresas. Por definição, a inovação "acontece quando a empresa aprende a fazer algo que não sabia fazer antes e então começa a fazê-lo de forma sustentável, ou aprende a não fazer algo que fazia antes e continua a não fazê-lo de uma forma sustentável" (Herbert Shepard *apud* Hashimoto, 2006, p. 114).

Nas empresas existem oportunidades que podem ser exploradas em diversas etapas da produção e diferentes dimensões da estrutura capazes de gerar inovações. Elas podem se expressar em diversos níveis, como por exemplo:

- ✓ **Desenvolvimento de novo produto ou serviço.**
- ✓ **Mudanças no produto ou serviço** que melhorem a funcionalidade.
- ✓ **Mudança na aplicação** de um produto ou serviço.
- ✓ **Mudança de mercado** para um produto ou serviço.
- ✓ **Mudança na forma de entrega** do produto ou serviço para consumo.
- ✓ **Mudança no processo de produção** de um produto ou na otimização de recursos.

Peter Drucker (2003) define inovação como sendo o instrumento dos empreendedores, o meio pelo qual eles exploram a mudança como uma oportunidade para um negócio ou um serviço diferente. Ele utiliza a expressão "inovação sistemática" para designar a busca deliberada e organizada de mudanças; é na análise sistemática das oportunidades que as mudanças podem contribuir para a inovação econômica ou social.

A inovação está diretamente ligada à oportunidade empreendedora. Ela pode ser monitorada e gerenciada pelas pessoas que estão dentro de uma empresa. Um profissional com atitude empreendedora busca o novo e cria um clima de ousadia para inovar. Portanto, é importante estar atento a alguns elementos especiais para promover esse processo. Alguns fatores de mudanças são identificados por Drucker como fontes para a inovação.

As fontes visíveis para quem está *dentro* de uma empresa são:

✓ **O inesperado** (quando um produto se torna inesperadamente um atrativo para outro segmento de cliente ou para outra finalidade).

✓ **A incongruência** (quando não é aceito algo que foge das explicações convencionais estabelecidas).

✓ **A necessidade do processo** (suprir uma necessidade imposta – falta de mão de obra especializada, por exemplo).

✓ **Mudanças no mercado** (cresce ou diminui rapidamente, entrada de um novo concorrente).

Já as fontes provenientes de *fora* da empresa são:

✓ **Mudanças demográficas** (migração, mudanças de escolaridade, classe social, faixa etária).

✓ **Mudanças quanto à percepção, disposição e significado** (exploração de outros pontos de vista).

✓ **Conhecimento novo** (rupturas científicas, tecnológicas e sociais, sempre convergentes entre si).

A criatividade e a inovação estão cada vez mais presentes na vida empresarial, e todas as pessoas produtivas estão sendo desafiadas a conviver com as intensas mudanças sociais e econômicas e a responder de forma positiva a esse desafio. Preparar-se e responder de forma positiva a esses novos padrões faz parte da atitude empreendedora. Algumas pessoas são, por natureza, mais criativas ou mais ousadas do que outras. Todas, porém, podem escolher fazer parte de um ambiente inovador, desenvolver o gosto por mudanças, acreditar na própria capacidade de gerar boas ideias e investir em algumas destas para que se tornem realidade. Na história de Lewis Carroll, Alice só passa a agir como protagonista depois que o Chapeleiro diz para ela não perder sua grandiosidade.

A grandiosidade das pessoas está em realizar os sonhos mais ousados e em contribuir para a construção de arranjos pessoais, familiares e sociais felizes e prósperos. Está na autoconfiança, que leva à superação de limites e alimenta os grandes sonhos que transformam a humanidade.

Caleidoscópio humano: criatividade e inovação

A inovação é uma dessas peças que fazem o empreendedorismo funcionar melhor. Com ela, as chances de sucesso de um novo negócio se multiplicam e as possibilidades de crescimento aumentam. A chave que abre as portas para a inovação é a criatividade. Em resumo, para que a inovação se faça presente na vida de um empreendedor, ele deve desenvolver sua criatividade, pois essa é uma habilidade humana que não se manifesta de forma espontânea. Tem que ser exercitada para que produza novas soluções, novos produtos, novos negócios.

Todos nós nascemos capazes de ser criativos. Mas se não desenvolvemos esse lado, ele se atrofia e pode acabar morrendo. É mais ou menos como um caleidoscópio. Esse brinquedo é muito simples: trata-se de um cilindro que apresenta em seu interior três espelhos dispostos em forma de triângulo. Envolvidas pelos espelhos estão centenas de miçangas e pedrinhas coloridas. Quando o cilindro é girado, formam-se desenhos coloridos que nunca se repetem. Enquanto está sendo utilizado, o caleidoscópio é uma fonte de imagens mágicas que encanta as pessoas que o observam. Se ninguém o movimenta, não passa de um punhado de pedras guardadas no interior de um cilindro.

A criatividade humana é assim. Tem por base um conjunto de atributos simples: o conhecimento, a experiência, a bagagem de vida de cada pessoa. Mas somente aqueles que têm a iniciativa de se colocar em movimento, de buscar novas formas e novas ideias é que se tornam criativos e capazes de produzir algo diferente ou novo.

Gosto do conceito segundo o qual a criatividade é a capacidade de uma pessoa de agir de maneira adequada em uma situação nova ou de criar algo novo num contexto antigo. Fazendo assim, ela estará inovando, criando um diferencial para o contexto do qual faz parte. Isso vale para todas as dimensões da vida, inclusive para o mundo dos negócios.

Nem toda pessoa criativa é inovadora, porém toda inovação é gerada por alguém criativo. A criatividade é essencial para a inovação, pois é a base das novas ideias. E a inovação é fundamental para o empreendedorismo, pois significa que a ideia nova, uma vez implementada, foi capaz de gerar valor econômico.

Sabemos que hoje nenhum negócio sobrevive se não estiver em constante inovação. O mesmo acontece com os profissionais. Para ter uma carreira de sucesso, todos nós precisamos ser criativos e produzir inovações para a organização para a qual trabalhamos. É uma exigência cada vez mais presente que, infelizmente, não foi bem compreendida por todos. Muitas pessoas se confundem e pensam que inovação é uma espécie de sinônimo de desenvolvimento tecnológico. Para elas, basta estar em dia com a tecnologia para ser inovador. Infelizmente, não é tão simples assim: ser inovador é muito mais do que saber utilizar as ferramentas oferecidas pela computação, pela cibernética, pela robótica, etc.

A inovação está presente em todas as áreas do conhecimento humano: nas artes, no esporte, na literatura, no cotidiano das pessoas. Inovar é uma atitude, uma intenção e uma prática. Isso significa, para o empreendedor, a disposição de mudar e modificar a todo instante a maneira de empreender. A inovação pode se traduzir no lançamento de um produto diferente dos que já existem, desde que essa diferença seja positiva para quem a utiliza.

Tudo isso pode parecer muito bonito, muito simples. Mas o problema é que o ser humano só inova quando é pressionado, quando a realidade lhe impõe desafios, quando ele percebe que já não é mais viável se sustentar na mesma situação de antes; quando ele se dá conta de que ou muda ou é ultrapassado, derrotado, superado. Ou muda ou morre. Só então ele se preocupa em exercitar sua criatividade para encontrar uma solução inovadora. Mas aí pode ser tarde.

Seja como for, o paradoxo é que ser criativo nos dias de hoje é, ao mesmo tempo, mais fácil e mais difícil do que era alguns anos atrás. Atualmente, a quantidade de produção do conhecimento é muito superior à capacidade das pessoas em assimilá-lo. E esse é o fator que tanto dificulta quanto facilita o processo inovador. A dificuldade está na sensação de que já não existe mais nada de novo para ser criado: tudo que a mente humana era capaz de criar já se encontra no mercado. Nesse cenário, torna-se difícil desenvolver a criatividade e encontrar um caminho novo e diferente para a atuação empresarial. Por outro lado, a oferta abundante de informações também pode ser vista como uma oportunidade para novas combinações e respostas criativas. E a própria receptividade da sociedade – que nunca esteve tão disposta a aceitar novidades – é um estímulo para o surgimento de soluções inovadoras.

Independentemente dos estímulos ou dos obstáculos que possam existir, o certo é que ser criativo e inovador se tornou uma necessidade. E os **primeiros passos** para assumir essa condição dependem, muitas vezes, de uma mudança de atitude que pode ser estimulada por dois fatores relativamente simples:

1. Maximizar a diversidade:

no caleidoscópio, pedras diferentes umas das outras compartilham o mesmo espaço e têm um objetivo comum. Quanto mais incluirmos pessoas diferentes em nosso contexto, melhor. Elas nos colocarão diante de novas concepções de vida e de olhares diversos, capazes de nos indicar o caminho das propostas inovadoras. É importante reconhecer as especificidades de cada uma. Conviver com a pluralidade em ambientes heterogêneos em termos de sexo, conhecimento, língua, cultura e religião, por exemplo, enriquece as soluções criativas.

2. Aceitar o paradoxo:

Existem pessoas que volta e meia se veem diante de posições aparentemente contraditórias, como a de se sentir "um moço velho". Quem se vê nessa situação não precisa escolher um dos lados da questão: ou é moço ou é velho. Não precisa criar uma lógica pessoal que exclua e negue o contrário. O certo *versus* o errado; o feio *versus* o bonito; o concreto *versus* o abstrato; todas as situações com as quais nos deparamos são complementares, e dificilmente existe um limite que impeça o errado de, em determinadas circunstâncias, estar certo, ou de aquilo que nos parece feio ser considerado bonito por alguém. A criatividade é fruto da passagem entre as partes diferentes e opostas. É resultante de uma abordagem diferenciada do todo. As propostas inovadoras surgem quando se permite experimentar aquilo que parece contrariar a lógica. A realidade é composta de paradoxos, e o senso comum escolhe um dos lados para ser a verdade, o correto.

Combinar os extremos, buscar soluções nos opostos é a chave para novas fronteiras da inovação. No caleidoscópio é a ordem que se forma nos desenhos a partir da desordem das pedras. Pode não ter lógica, certo? Mas é encantador.

LEGADO

Durante um passeio, a Duquesa e Alice conversam sobre o sentido das falas e das ideias. Alice afirma que, se um dia for duquesa, não será sovina e distribuirá bombons para as crianças. A Duquesa a escuta com atenção e relembra que tudo que falamos ou desejamos tem uma moral, uma mensagem a ser transmitida. É só uma questão de saber encontrá-la.

> "Qual a moral disto?", perguntou a Duquesa.
> "Talvez não tenha nenhuma", disse Alice.
> "Ora, vamos criança!", disse a Duquesa. **"Tudo tem uma moral, é questão de saber encontrá-la!"**
> (Carroll, 2009, p. 115)

A moral da história era que a menina Alice gostaria de ser lembrada por sua generosidade ao distribuir bombons para todos. Para muita gente, a preocupação com a maneira pela qual gostaria de ser lembrada pode ser vista apenas como uma manifestação de vaidade. Isso, no entanto, é de extrema utilidade para o caso de se definir a dimensão das ações profissionais. Portanto, todos nós sempre deveríamos nos perguntar como gostaríamos de ser lembrados. Que homenagem você gostaria de receber por sua trajetória profissional? Na resposta a essa pergunta estará embutido o valor que suas realizações geraram para você e para outras pessoas. Ali estará exposto o seu legado: a contribuição que deixará à sociedade. "É impossível saber isso", pensam os descrentes.

O legado, nesse caso, é o conjunto de atos, posturas e realizações que marcará sua trajetória no decorrer da carreira. Trata-se de algo que une as três dimensões do tempo. O legado é pensado no presente, com base naquilo que você fez até aqui, e é projetado para o futuro. Sabendo que daqui a dez, vinte ou trinta anos você será lembrado por tudo o que fez em sua carreira (inclusive pelo que fez no dia de hoje), você pode começar a moldar desde já a sua biografia.

Quando pensamos num legado, estamos falando do seu código de conduta, da construção de sua história pessoal. Sabemos que, no início do século XXI, os grandes empreendedores passaram a assumir publicamente o compromisso de gerir seus negócios com base num compromisso social mais evidente do que o existente ao longo do século anterior. Os investimentos em ações de responsabilidade social tornaram-se mais expressivos, e muitos querem se utilizar do próprio sucesso para ajudar a resolver problemas sociais graves. Aquela imagem dos herdeiros que recorriam à justiça para tentar anular o testamento do tio milionário que deixou parte de sua fortuna para o gato de estimação está cada vez mais distante da realidade.

Está cada vez mais claro que os empreendedores esperam que sua obra gere um valor superior ao do lucro e da riqueza que ela for capaz de proporcionar.

Aliás, uma das características dos empreendedores de sucesso é que, para eles, a riqueza é uma consequência indireta da realização que buscam com seu trabalho. Em outras palavras, os empreendedores da atualidade não querem mais ser identificados como pessoas que não devolvem para a sociedade, de forma efetiva, uma parte substancial daquilo que acumularam com seu trabalho. O norte-americano Bill Gates, que fez da Microsoft uma corporação de dimensões planetárias, e sua mulher Melinda estão pessoalmente envolvidos com a entidade que leva o nome do casal. Criada no ano 2000, a Fundação Bill & Melinda tem por objetivo combater a pobreza e investir em programas de saúde voltados, principalmente, ao apoio às crianças do continente africano.

Quando comecei a pensar em filantropia, olhei para trás e estudei o que algumas das fundações fizeram no decorrer da história, e busquei que tipo de coisas poderiam realmente fazer diferença, que tipo de coisas teriam um impacto dramático...
(Gates, 2000)

Definir sua missão pessoal e estabelecer os parâmetros de qualidade de vida que deseja ter durante todo o percurso pode ser de grande ajuda para seu crescimento profissional. O legado é composto pelo acervo pessoal, ou seja, pelo patrimônio e pelas consequências e impactos de suas realizações sobre a família, o ambiente e a comunidade. Em geral, refere-se à forma como um personagem é lembrado. Portanto, devemos parar e pensar, agora, no significado que suas ações terão para você e para as pessoas que estarão a seu lado na trajetória empreendedora.

A missão à qual você se atribui deve ser escrita numa carta que se destine a si mesmo. Ela norteará sua conduta profissional a uma determinada direção e mostrará a diferença que você fará para sua família, empresa, cidade ou mesmo para o mundo.

Esse tema é sempre tratado por mim nos cursos voltados à atitude empreendedora, e é possível perceber o impacto positivo que causam nas pessoas que têm contato com ele. Nos cursos são feitas duas perguntas que considero o ponto de partida para a construção do legado. A primeira é:

"O que é felicidade para você?".

E a segunda é:

"Como você quer ser lembrado?".

Depois, sugiro que essas questões sejam respondidas em forma de um discurso em que se destaquem as realizações da carreira. Essa "carta para você mesmo" pode estabelecer marcos significativos no futuro de sua carreira profissional, acender o desejo referente a um determinado tipo de realização e orientar seu esforço para uma determinada direção. A carta poderá ajudá-lo a se tornar protagonista de sua própria história.

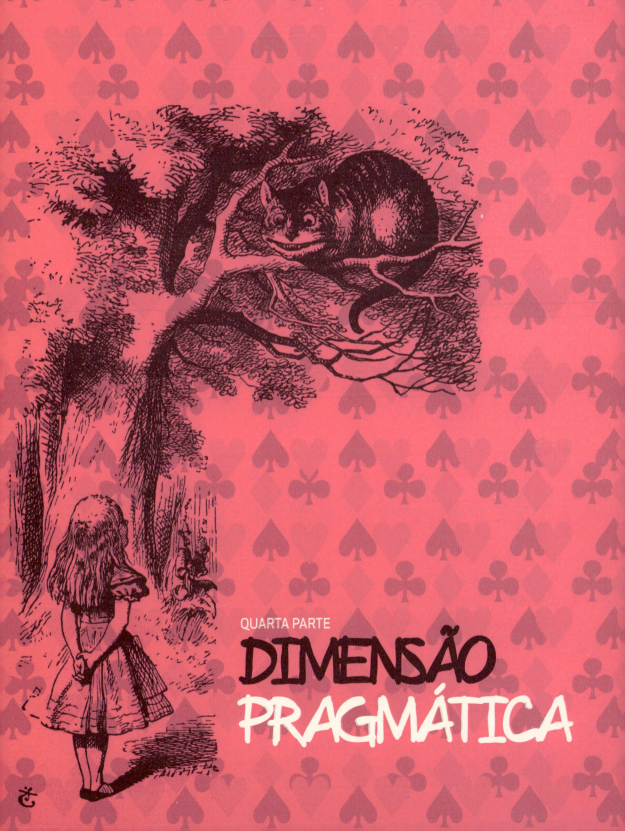

QUARTA PARTE
DIMENSÃO PRAGMÁTICA

ALICE E O GATO DE CHESHIRE: AONDE VOCÊ QUER CHEGAR?

Numa das cenas mais citadas da obra de Lewis Carroll, Alice quer deixar o País das Maravilhas e, sem saber onde se encontrava, quando vê o gato sobre uma árvore pergunta-lhe qual caminho deveria tomar, não importando aonde chegasse. O Gato de Cheshire responde-lhe que então não importaria o caminho que ela escolhesse.

"Poderia me dizer, por favor, que caminho devo tomar para ir embora daqui?"
"Depende bastante de para onde quer ir", respondeu o Gato.
"Não me importa muito para onde", disse Alice.
"Então não importa o caminho que tome", disse o Gato.
(Carroll, 2009, p. 76)

É, sem dúvida, um diálogo muito interessante, e seu aspecto mais esclarecedor é justamente o de mostrar que não existe um caminho certo quando o destino é ignorado. Alice estava insatisfeita com o lugar em que estava, mas não tinha certeza do que deveria fazer para sair dali e muito menos aonde pretendia chegar.

Saber para onde se pretende ir é um dos principais desafios da vida e, claro, da carreira profissional. Não é uma definição fácil, e não existe no mundo profissional alguém que, quando acha que já avançou demais e que não é mais possível recuar, não pense naquilo que poderia ter acontecido caso tivesse tomado outro rumo. Escolher um destino (e, por consequência, o caminho que levará a ele) não é fácil, mas é uma etapa fundamental, que nos ajuda a concentrar esforços numa determinada direção e a não desperdiçar energia com esforços que não contribuirão de forma consistente para nos levar àquele destino. E para saber aonde queremos ir de fato, nada melhor do que pôr para funcionar recursos que todos possuímos, como

DE QUE TAMANHO VOCÊ QUER SER?

Está nas mãos de cada um de nós a decisão de assumir o papel de administrador da própria jornada empreendedora. Ou, em outras palavras, de voltar o foco da ação profissional para os aspectos que realmente interessam e gerenciar a própria vida. De assumir, diante da Lagarta Azul que sempre aparece para dar conselhos, a condição de protagonista da nossa própria história e definir de que tamanho queremos ser. Apenas para recordar: Alice não sabe exatamente que tamanho tem quando vê a Lagarta sentada

foco no que queremos e persistência para realizar.

sobre um cogumelo. O primeiro diálogo entre elas, conforme dito anteriormente, não foi dos mais amistosos. Numa conversa aparentemente desencontrada, em que Alice diz não estar bem certa de quem realmente é, pois ficava mudando de tamanho a todo instante – e depois de a menina perder a paciência e quase ir embora –, a Lagarta a convence a manter a calma e ficar. E, então, pergunta à menina de que tamanho ela gostaria de ser. E Alice, sem saber exatamente a resposta, diz que só não gostaria de ficar mudando a toda hora.

Alice continuava sem paciência com a Lagarta – pois nunca tinha sido tão contrariada ao longo da vida – e preferiu se calar. Assim, a Lagarta diz que, se a menina comesse um dos lados do cogumelo sobre o qual ela estava, cresceria. Se comesse o outro lado, diminuiria de tamanho. No entanto, a Lagarta não indica qual dos lados leva a qual efeito. Ou seja, a responsabilidade pelo crescimento ou pela redução de tamanho estava num detalhe que precisava ser descoberto pela própria Alice.

A primeira escolha fez a menina diminuir de tamanho de forma tão acelerada que ela logo percebeu a necessidade de agir depressa para não desaparecer. E, no desespero, ela come um pedaço do outro lado do cogumelo e cresce de forma tão acelerada que acaba se parecendo com algo que não era, a ponto de uma pomba que procurava um lugar seguro para fazer seu ninho não acreditar que alguém de pescoço tão comprido fosse mesmo uma garotinha. Para a pomba, Alice era uma cobra.

Fazendo uma comparação desse trecho da história de Alice com os conceitos que nos interessam neste livro, o profissional com atitude empreendedora precisa saber exatamente qual lado do cogumelo está comendo e qual é o efeito possível das decisões que tomará em sua empreitada. Para isso, ele precisa, retrocedendo ao exemplo das lentes através das quais enxerga o mundo, observar com um binóculo todos os detalhes que podem interferir em sua trajetória.

A NECESSIDADE VITAL DE EMPREENDER

Conforme vimos na primeira parte deste livro, ao longo dos anos, vários estudiosos ajudaram a moldar o conceito que mostra o empreendedor como alguém diferenciado e de ações voltadas para a realização. De Richard Cantillon, no século XVIII, a Peter Drucker, no século XX, passando por pensadores e pesquisadores de variadas formações, **o empreendedor é sempre apontado como um realizador,** como alguém capaz de tomar iniciativas, enfrentar desafios, assumir responsabilidades e encontrar soluções. **Alguém que, no final das contas, vive adiante de seu tempo.**

Neste início de milênio, vivemos em meio a uma revolução acelerada e permanente, que tomou conta do ambiente de trabalho e que tem sido marcada pelo surgimento de novas profissões, com as quais não sonhávamos alguns anos atrás, bem como o desaparecimento de outras – que se tornaram ociosas em consequência do surgimento de novas tecnologias e de novos processos de trabalho. Até o início dos anos 1990, para citar apenas um exemplo de impacto no conjunto do mercado, o trabalho de edição de textos e produção de livros, revistas e jornais obedecia a uma série de etapas que eram realizadas manualmente ou que dependiam de equipamentos analógicos de operação complexa, cujo manuseio exigia dezenas de profissionais com conhecimento técnico específico. Atualmente, as tarefas que aqueles profissionais executavam na etapa do processo editorial, conhecida como "pré-impressão", podem ser feitas por apenas uma pessoa, valendo-se de um único computador. Assim, dezenas de profissões desapareceram. Ou melhor, foram substituídas pelo trabalho de criadores e engenheiros de *software* que desenvolveram programas de computador capazes de substituir dezenas de trabalhadores manuais.

O mesmo aconteceu em todas as linhas de montagem das indústrias mais importantes, com maiores consequências sobre a mão de obra e a oferta de empregos. Numa montadora de automóveis, por exemplo, o trabalho de solda, pintura e de muitas outras etapas da montagem deixou de ser feito por pessoas e passou a ser executado por robôs cada vez mais sofisticados. São exemplos conhecidos e suficientemente explorados, que aparecem aqui apenas para mencionar profissões valorizadas que deixaram de existir nos últimos anos em consequência de inovações tecnológicas.

Na dimensão oposta, em compensação, novas profissões estão surgindo a todo instante. O jornal americano *The New York Times* publicou, em abril de 2011, um levantamento feito com base em dados do Departamento de Trabalho dos Estados Unidos sobre as dez profissões com maior nível de crescimento até o final da segunda década do século XXI. Elas incluem tanto atividades com altíssimo grau de especialização, como engenheiros biomédicos, analistas de dados em redes e sistemas de comunicações, analistas de dados financeiros e médicos cientistas; quanto profissões de exigências técnicas menos complexas – o que se faz pressupor, portanto, que haverá um maior grau de competição entre os profissionais que optarem por segui-las. Nesse segundo grupo estão, por exemplo, os especialistas em cuidados de saúde e em cuidados com a pele, e os treinadores de atletas.

É importante observar que, tanto no caso das profissões que estão desaparecendo quanto no daquelas que estão surgindo ou se fortalecendo nesse período de mudanças, as chances de sucesso tornam-se mais evidentes se o profissional, além do domínio técnico das habilidades requeridas, tiver a atitude de aproveitar as oportunidades que surgirem. A atitude empreendedora definirá, como na história de Alice, de que tamanho pretendemos ser. Ou seja, **é nessa realidade de competição e de mudança que o papel de empreendedor torna-se cada vez mais central no processo de crescimento pessoal e profissional. E crescer sempre faz parte, pois todos estão crescendo.**

A OPORTUNIDADE E A TOCA DO COELHO

Alice não perdeu a oportunidade de conhecer o País das Maravilhas depois que teve a atitude de seguir o Coelho Branco em direção à sua toca. E, em sequência à sua queda no abismo, ela também não perdeu a oportunidade de passear pelo jardim florido e cheio de fontes.

Ver o Coelho Branco e persegui-lo é uma característica das pessoas empreendedoras.

A palavra oportunidade tem sua raiz etimológica na palavra porto, e refere-se a uma ocasião favorável. Ela surge quando desenvolvemos a atitude de ser receptivos aos estímulos externos e quando temos uma visão ampliada do contexto no qual nos inserimos. O hábito de observar a realidade com um olhar sempre curioso e investigativo nos leva a ver o que ninguém vê nas situações cotidianas.

A analogia, evidentemente, não poderia ser mais clara. Faz parte do repertório das pessoas com atitude empreendedora a predisposição para identificar as oportunidades, a capacidade de ficarem atentas e de criarem as condições para agarrar essas oportunidades assim que surgirem.

A boa notícia para quem não se vê em condições de agarrar as chances que surgem é que existe a possibilidade de desenvolver essa habilidade de identificar oportunidades. Ela é uma característica adquirida pelo exercício da percepção, pela experiência e pelo interesse de cada pessoa em não perder as ofertas de mudanças que o mundo proporciona. Naquilo que diz respeito exclusivamente ao processo de identificação de oportunidades de negócios, o engenheiro Ronald Jean Degen (1989) aponta oito fórmulas de extrema utilidade.

1 Identificação de necessidades: procurar as necessidades dos consumidores que não estão sendo satisfeitas.

2 Observação de deficiências: descobrir o que pode ser melhorado ou aperfeiçoado em um negócio já existente, criar um diferencial.

3 Observação de tendências: compreender as tendências que influenciam o dia a dia e prever as mudanças que afetarão a vida das pessoas e empresas.

4 Derivação da ocupação atual: a maioria das oportunidades de negócios apresenta-se na própria área de atuação do empreendedor.

5 Procura de outras aplicações: transposição da solução de um problema para outros problemas.

6 Exploração de *hobbies*: desenvolver um produto ou serviço a partir da sua atividade de lazer, daquilo que gosta de fazer.

7 Lançamento de moda: procurar ideias originais para ser o pioneiro e "criar modismo".

8 Imitação do sucesso alheio: copiar o sucesso de outro empreendedor e suprir uma demanda não atendida.

QUANDO UMA IDEIA É UMA OPORTUNIDADE

Toda inovação tem origem em uma ideia. A ideia, por sua vez, pode se transformar numa oportunidade e evoluir para uma mudança positiva na carreira profissional ou em um novo negócio. Para que não se corra o risco de cometer um dos erros de avaliação mais frequentes que costumamos praticar quando olhamos para o nosso passado profissional, que é o de confundir as ideias que tivemos com as oportunidades que de fato se abriram diante de nós, é bom insistir nesse ponto. E deixar claro que uma boa ideia até pode vir a se transformar numa boa oportunidade, mas essa não é uma condição obrigatória. Em resumo, enquanto a ideia é emocional e impulsiva, a oportunidade é resultado de um processo racional de análise e de avaliação das possibilidades. A grande questão é saber identificar se a ideia que acabou de surgir pode evoluir a ponto de se tornar uma boa oportunidade.

Uma boa oportunidade é aquela que indica um diferencial criativo nos produtos e serviços existentes. É aquela que inova e agrega valor a um produto ou serviço e que tem como consequência uma maior satisfação do cliente ou usuário do serviço. As boas oportunidades podem ser encontradas no processo de produção ou no produto em si. Podem estar no atendimento inicial ao cliente ou nas ações pós-vendas adotadas pela organização. Podem surgir de detalhes ou incidentes que apenas os olhares mais atentos são capazes de perceber como oportunidade. Saber avaliar a verdadeira extensão de uma ideia é fundamental para que saibamos construir uma oportunidade real em torno dela. Para que a ideia se transforme em oportunidade, ela deve ser submetida, antes de sua implementação, a um processo criterioso de avaliação e testes, em que serão identificados os pontos realmente fracos, os mais vulneráveis, e os realmente fortes. E caso ela não se mostre suficientemente pronta para ser posta em prática, deve ser abandonada. Avaliar é essencial para que não se perca tempo nem se consumam recursos com algo que não agregará valor ao negócio. Dornelas (2001) considera que existem pelo menos **quatro perguntas essenciais** que devem ser respondidas ao se analisar uma oportunidade de negócios:

1 "A qual mercado ela atende?"
A resposta permitirá saber se uma ideia se identifica com as necessidades do cliente.

2 "Que retorno ela proporcionará?"
Saber qual será o lucro possível e em quanto tempo.

3 "Qual equipe a implementará?"
Saber se será possível contar com pessoas experientes e envolvidas.

4 "Qual é o comprometimento do empreendedor?"
Saber se está motivado, os critérios pessoais.

Existem vários recursos e ferramentas já testadas que podem contribuir para a avaliação de uma ideia e indicar se ela pode ser o ponto de partida para um empreendimento bem-sucedido. Eles começam por seguir o roteiro sugerido na literatura especializada, passam pela análise econômica e de viabilidade financeira e podem incluir até mesmo a contratação de consultores especializados e de pesquisas de mercado. Não existe, porém, um instrumento preciso, capaz de garantir que aquela oportunidade não apenas existe de fato como também é adequada a quem pretender implementá-la. É sempre uma conjunção de fatores, e depende muito de uma avaliação sensata dos riscos e das possibilidades e, sobretudo, da atitude do empreendedor que estará à frente da empreitada. O mais importante nesse processo é se cercar dos cuidados necessários para saber se o envolvimento ou a insistência numa determinada ideia é resultado apenas do comprometimento emocional ou se é resultado de uma avaliação racional do problema. Caso essa segunda alternativa prevaleça, aí sim, pode-se estar diante de uma oportunidade.

Rogério Chér diz que as empresas voltadas para o cliente trilham um caminho de sucesso mais ou menos consagrado.

"Primeiro, identificam as necessidades de mercado que pretendem satisfazer, em seguida, procuram conceber o tipo de produto e serviço que atenderão essas necessidades. Por último, desenham a estrutura produtiva."
(Chér, 2002, p. 67)

Um produto ou serviço que nasça antes de sua necessidade ser reconhecida, por mais novidade que represente, não terá chances de sobrevivência e servirá apenas para consumir recursos e energia. Chér propõe uma avaliação por meio de variáveis de exclusão. Essas variáveis são aspectos que precisam ser levados em conta, e dependendo de como forem trabalhados, correm o risco de tornar negativa a oportunidade analisada e mostrar que a insistência naquele negócio pode resultar em fracasso. São elas:

- ✓ Formação técnica ou acadêmica compatível para operar o negócio.
- ✓ Capital para investimento inicial.
- ✓ Experiência no ramo.
- ✓ Habilidades necessárias e implícitas ao negócio.
- ✓ Tipos de pessoas com as quais vai lidar no negócio.
- ✓ Estilo de vida que terá ao ingressar nesse segmento.
- ✓ Fatores morais, éticos e religiosos associados ao negócio.
- ✓ Apoio familiar para entrar no negócio.

O PRODUTO E O CLIENTE

A análise da adequação do produto ao cliente é considerada o passo inicial da exploração de uma oportunidade por diversos autores que se dedicaram ao tema. Alguns deles consideram apropriado conhecer e se aprofundar nos estudos sobre necessidades humanas. As áreas de marketing das organizações valem-se dos estudos no campo da psicologia social para entender melhor a motivação humana naquilo que se aplica ao consumidor. Um empreendedor também pode se basear nas teorias sobre motivação para avaliar seu próprio envolvimento com a ideia de negócio e levantar questões como: A ideia é capaz de mobilizar minhas energias e despertar meu interesse para iniciar uma empresa? Quantas vezes por dia ela vem à minha mente sem que tenha tido a predisposição de analisá-la? Nas avaliações é possível antever o produto ou serviço sendo utilizado e, nesse momento, perceber a que tipo de necessidade ele atende? Que tipo de necessidade e interesse das pessoas essa ideia atenderá para que valha o investimento em sua execução?

O principal trabalho sobre motivação que tem sido utilizado para esse fim trata da hierarquia das necessidades humanas e foi elaborado pelo psicólogo norte-americano Abraham H. Maslow. Seus estudos, feitos nos anos 1950, classificaram as necessidades em cinco dimensões: fisiológicas, de segurança, sociais, de estima e de autorrealização. Segundo o psicólogo, existe uma hierarquia na manifestação e satisfação dessas necessidades. Por isso, ele utilizou a figura de uma pirâmide para demonstrar como elas estão organizadas. Somente após o atendimento das necessidades da base da pirâmide é que surgirão e se tornarão importantes as escalas superiores. De um modo geral, podemos dizer que **as pessoas investem suas energias e recursos na satisfação de suas necessidades mais primárias, e só depois de garantir sua subsistência elas têm motivação para buscar satisfazer as demais** (Maslow, 1954).

Pirâmide de Maslow

Realização pessoal moralidade, criatividade, espontaneidade, solução de problemas, ausência de preconceito, aceitação dos fatos.

Estima autoestima, confiança, conquista, respeito dos outros, respeito aos outros.

Amor/Relacionamento amizade, família, intimidade sexual.

Segurança segurança do corpo, do emprego, de recursos, da moralidade, da família, da saúde, da propriedade.

Fisiologia respiração, comida, água, sexo, sono, homeostase, excreção.

As **necessidades** que compõem a pirâmide de Maslow são:

Fisiológicas: são as necessidades humanas básicas para a própria subsistência, como saciar a fome e a sede, dormir, cuidar da higiene pessoal e fazer sexo.

Segurança: é essencialmente a necessidade de estar livre de perigos. Em outras palavras, é a necessidade da autopreservação, como a busca de um abrigo contra o frio ou contra a chuva.

Sociais: consiste na necessidade de afeto, de pertencer a um ou mais grupos e ser aceito por seus membros.

Estima: envolve tanto a autoestima como a necessidade de reconhecimento por parte dos outros. A satisfação dessa necessidade produz sentimentos de autoconfiança, de prestígio, de poder e de controle.

Autorrealização: é a necessidade que as pessoas sentem de maximizar seu próprio potencial, seja ele qual for. É o desejo de tornar-se aquilo que se é capaz, de pensar no bem comum. Servir ao coletivo, transcender a seus conhecimentos e valores.

A hierarquia de Maslow é um recurso eficaz para compreender a compatibilidade das necessidades com o produto ou serviço que se pretende oferecer. É fundamental enxergar o empreendimento como solução dos problemas de um segmento de pessoas ou de uma ou mais empresas. Quanto mais criativa e inovadora for a solução encontrada para atender as necessidades do mercado, maior a chance de sucesso de um negócio, pois ele se aproximará das dimensões superiores da escala de Maslow. Por exemplo, a fabricante de cosméticos Natura não vende apenas xampus e sabonetes, ela também vende bem-estar. Sua concorrente, O Boticário, procura vender beleza e vaidade. A cadeia de supermercados Pão de Açúcar investiu numa campanha de publicidade em que se posicionava como "lugar de gente feliz". São desejos e necessidades humanas que estão na dimensão da estima e da autorrealização de acordo com o modelo proposto por Maslow.

METAS: AONDE VOCÊ QUER CHEGAR?

As cenas que mostram Alice à procura de um caminho que a leve a explorar o País das Maravilhas e depois voltar para casa estão presentes nos dois livros de Carroll. O encontro com o Gato de Cheshire — quando a menina, em suma, ouve que, para quem não sabe aonde vai, qualquer caminho serve — indica a necessidade de orientação e mostra que essa providência pode significar a diferença entre o sucesso e o fracasso de uma empreitada.

Isso porque o empreendedor é, por natureza, alguém que privilegia a ação. Para ele, é mais importante estar sempre em movimento e realizar ações relevantes do que "perder tempo" (assim mesmo, entre aspas) com "reflexões e divagações filosóficas".

É fundamental fazer uma reflexão prévia sobre o trajeto a se seguir e os objetivos que se pretende alcançar com a caminhada.

No entanto, a pausa para a definição de estratégias é fundamental. E o melhor momento para se fazer isso é antes de iniciar a caminhada. Agir de forma empreendedora é ter uma visão clara de aonde, quando e como se pretende chegar. As características que levam os empreendedores a correr riscos e ousar em suas ações não devem eliminar o planejamento. Até porque ele funcionará como o roteiro que mostrará se o objetivo foi ou não alcançado. Segundo Peter Drucker (2003), **o planejamento é a tomada de decisão antecipada, algo que devemos fazer antes de agir.**

A etapa do planejamento é fundamental para manter o foco das energias no caminho da conquista dos resultados desejados. Ele é importante, também, para que se possa avaliar, mais tarde, durante o percurso, se haverá necessidade de mudanças ou de adaptações do projeto à realidade à sua volta. O bom planejamento é aquele que permite que se tome um caminho alternativo no meio da jornada sem que isso elimine a possibilidade de se alcançar o objetivo principal.

OBJETIVOS BEM-FORMULADOS

A ação empreendedora é aquela que tem em vista o resultado a ser alcançado. Na vida pessoal, profissional ou empresarial, **é importante que as pessoas estabeleçam seus objetivos e busquem resultados positivos para si e para a organização da qual fazem parte.** É fundamental incluir nisso também a sociedade em que vivem.

Uma boa maneira de orientar o esforço na direção do objetivo pretendido é formular o propósito da jornada na forma de metas. Antes de prosseguir, no entanto, é bom deixar claro que uma meta não é apenas algo que se deseja. Em sua origem, a palavra se referia a um marco localizado nas pistas dos circos que os carros de corrida deveriam contornar. O corredor que fizesse a volta da pista antes de alcançar a meta seria desclassificado. A palavra transformou-se, em diversas modalidades esportivas, em sinônimo de um objetivo associado a um resultado. Meta é a linha de chegada nas provas de hipismo e de iatismo, e as balizas que, no futebol, devem ser ultrapassadas para se marcar os gols (palavra originária do inglês *goal*, que quer dizer exatamente "meta").

Traçar metas, portanto, é dar forma antecipada ao objeto ou à situação desejada. É saber o que se quer e definir o caminho a ser percorrido para alcançar o objetivo. As melhores são aquelas que representam desafios significativos. Para alcançá-las é necessário persistência, disciplina e senso de organização.

Uma boa forma de elaborar esse tipo de objetivo, no que diz respeito à jornada que nos interessa neste livro, é partir de um acrônimo em que a palavra "**meta**" é formada pelas iniciais das palavras <u>m</u>ensurável, <u>e</u>specífica, <u>t</u>emporal e <u>a</u>udaciosa.

Trata-se de atributos importantes, que devem ser levados em conta na formulação do objetivo que se pretende alcançar ao final da viagem empreendedora.

✓ **Mensurável:** a definição prévia dos resultados que se pretende alcançar é o que permitirá saber se os resultados foram alcançados ou não. É necessário evitar objetivos genéricos em sua formulação. Ao fazer formulações do tipo "quero ganhar bem" ou "quero ter o maior número de clientes possível" não se está estabelecendo uma medida para o resultado. O melhor é estabelecer um número determinado ou porcentagem: "quero aumentar em 20% o faturamento" ou, então, "quero ter um salário de R$ 10.000 por mês".

✓ **Específica:** é preciso estabelecer, da forma mais clara possível, aonde se pretende chegar e o que se pretende conquistar. É o elemento qualitativo da meta. Esse tipo de clareza ajuda a conquistar o que é desejado. Dizer "eu quero ter um carro" é bem menos detalhado do que dizer "terei um Porsche, vermelho, conversível". Ao definir a meta de forma clara e objetiva você sabe exatamente o que busca e, no caso do carro, não corre o risco de se contentar com uma Brasília amarela.

✓ **Audaciosa:** a meta precisa ser desafiadora, porém, alcançável. Deve ter um significado pessoal intenso, capaz de canalizar seus desejos, mas não pode ser inatingível. Dizer algo como "quero ter uma fortuna igual à de Bill Gates no dia 1º de abril de 2015" é algo que pode até estar bem-formulado em termos de mensuração, especificidade e temporalidade, mas é inviável, difícil de ser alcançado até mesmo contando com a sorte de ganhar na loteria. A meta não pode contar com artifícios. Ela deve ser significativa e capaz de mobilizar os esforços pessoais rumo a uma realização. Conquistar uma promoção, ter uma casa na praia ou abrir a própria empresa é algo alcançável para a maioria das pessoas que se preparam de forma adequada. Ao formular uma meta desafiadora é preciso ter a certeza da capacidade e a coragem para conquistá-la. Do contrário não é meta, é desejo.

✓ **Temporal:** é essencial definir o prazo para se atingir a meta estabelecida. Ter uma data limite é fundamental para concentrar esforços e definir a velocidade da caminhada. Estabelecer o ano, o mês e, de preferência, o dia em que se pretende alcançar cada etapa da jornada ajuda a organizar o esforço. Dizer "vou abrir meu ateliê de costura no dia 8 de março de 2018, porque 8 de março é o dia internacional da mulher" é diferente de dizer "um dia, quero ter minha oficina de costura".

Ser bem-sucedido é estar satisfeito com as próprias escolhas e conquistas. Definir metas, portanto, é importante para organizar nossas ações. Experimente construir uma meta para sua carreira profissional. Faça o mesmo para seus objetivos familiares e sociais. Estabeleça metas específicas para a qualidade de vida, por exemplo:

PROFISSIONAL	PESSOAL
Concluir especialização em gastronomia na escola Le Cordon Bleu, em Paris, com trabalho de fim de curso premiado pelo *chef* do restaurante Astrid&Gaston em dezembro de 2018.	Perder dez quilos com redução de 20% de gordura até o carnaval de 2016, fazendo exercícios de pilates três vezes por semana e seguindo dieta de alimentação mediterrânea.
Participar da São Paulo Fashion Week, como estilista revelação, apresentando uma coleção de inverno em 2020 que resultará num contrato com uma empresa de moda feminina internacional.	Reformar o apartamento, substituindo todo piso por tacos de madeira; fazer uma cozinha *gourmet* com bancada para sala e instalar móveis no quarto, gastando 30% do valor do imóvel. Prazo: dezembro de 2016.
SUAS METAS PROFISSIONAIS:	SUAS METAS PESSOAIS:

PLANEJAR É PRECISO, MAS PODE SER TORTO

A ferramenta de planejamento mais difundida no empreendedorismo é o plano de negócios. Sua estrutura privilegia os aspectos cognitivos e racionais para elaborar um projeto empreendedor. É muito comum encontrar entre os empreendedores de sucesso aqueles que afirmam jamais terem feito um plano como esse. Ou, então, que só passaram a se valer desse recurso depois que a empresa já estava estruturada e era necessário ir a mercado captar recursos para ampliar o empreendimento. O sucesso nessas condições é até possível, mas depende de variáveis cada vez mais raras no mercado atual.

Quando o imigrante português Valentim dos Santos Diniz e seu filho mais velho, Abilio Diniz, criaram o supermercado Pão de Açúcar, no início dos anos 1960, o mercado era praticamente único quanto a esse tipo de empreendimento. A falta de um planejamento mais detalhado e muitos dos erros eventualmente cometidos na largada podem ter sido mitigados pela falta de concorrência. No entanto, hoje em dia é muito mais difícil um empreendimento iniciar nessas mesmas condições e alcançar o mesmo sucesso sem um planejamento detalhado dos passos da operação.

Um empreendedor, como já vimos nos capítulos anteriores, nem sempre se move por caminhos que as pessoas à sua volta consideram racionais. Muitas vezes, apenas ele acredita no sucesso e, assim, persiste na empreitada, mesmo quando as condições recomendam que ele desista de tudo. Essas características são fundamentais para o sucesso. O problema é que apenas esses atributos são insuficientes para levá-lo ao final da jornada e, em muitos casos, a ausência de um bom plano faz com que ele se perca antes de alcançar o destino.

Os estudos realizados pelo médico norte-americano Roger Sperry, ganhador do Prêmio Nobel de Medicina de 1981, comprovaram que os sentidos, as reações e as funções do corpo humano são controlados por regiões específicas do cérebro. O lado esquerdo do cérebro é responsável pela linguagem, raciocínio lógico, memória, cálculo e análise. A criatividade e as expressões mais emotivas estão sob o controle do lado direito. O lado esquerdo imita, representa, é capaz de fingir, enquanto que o direito não usa palavras e é intuitivo – cria, inventa, usa a imaginação, o sentimento e a síntese (Lestienne, 2013).

A maioria das pessoas tem um dos hemisférios mais desenvolvido do que o outro. De um modo geral, esse lado é o esquerdo, que é, desde cedo, o mais

O empreendedor precisa ser, ao mesmo tempo, emocional e racional. Precisa ter raciocínio lógico, assim como abstrato; precisa ser criativo e também ter os pés no chão. Precisa, enfim, utilizar as potencialidades dos dois hemisférios do cérebro.

exigido e utilizado por todos nós. Poucas são as pessoas naturalmente capazes de utilizar os dois lados.

Ocorre, porém, que um profissional com atitude empreendedora aumenta suas possibilidades de sucesso à medida que explora melhor as potencialidades de seu cérebro e se utiliza dos dois hemisférios para implementar seus projetos. Ele deve criar e planejar com a mesma eficiência. Isso pode parecer difícil para a maioria das pessoas, mas é importante saber que existem maneiras de criar formas de planejar e planejar maneiras de ser mais criativo.

Pessoas que nasceram com tendência a utilizar a mão esquerda (ou seja, que apresentavam essa função motora comandada pelo lado direito do cérebro) e que durante a alfabetização foram forçadas, como era convenção até algumas décadas atrás, a utilizar a mão direita (controlada pelo lado esquerdo) acabaram se tornando ambidestras. A despeito das críticas que esse tipo de atitude dos educadores do passado vem merecendo dos psicólogos e pedagogos do presente, é preciso reconhecer que essas pessoas foram treinadas a utilizar os dois hemisférios.

É possível, a qualquer momento da vida, fazer exercícios que aprimorem o lado menos utilizado do cérebro. Desenvolver, por meio de treinos, a capacidade de escrever com a mão diferente daquela que se utiliza habitualmente ou praticar chutes numa bola com o pé menos preparado para esse exercício podem ser maneiras de exercitar essa "bilateralidade". **Ser intelectualmente ambidestro** é uma forma de potencializar o uso das funções cerebrais na busca de soluções que ao mesmo tempo sejam, de um lado, criativas e inovadoras, e do outro, planejadas e racionais. Não há, como muita gente supõe, contradição entre esses atributos. Estudos vêm sendo realizados nesse sentido: o pesquisador Herrman (1989), por exemplo, propõe uma teoria do cérebro total, baseada em um modelo que integra os hemisférios direito e esquerdo, reformulando assim o dilema da dominância cerebral (Ruiz-Bolívar *et al.*, 1994).

Existem formas de planejar e organizar as ideias para projeção de uma carreira de sucesso ou para criação de um negócio inovador que utilizam nosso cérebro integralmente, isto é, que ativam simultaneamente os recursos e o potencial dos dois hemisférios cerebrais. Duas ferramentas que auxiliam nesse esforço são o mapa mental e o canvas.

MAPA MENTAL E CANVAS

O mapa mental (ou *mind map* em inglês, frequentemente utilizado na literatura) é uma ferramenta de organização das ideias para um projeto sistêmico, ou seja, não linear. Isso significa que **os elementos que dele fazem parte não precisam ser alinhados numa sequência de lógica cartesiana. São dispostos de maneira a mostrar que podem agir (e frequentemente agem) de forma simultânea.** O modelo foi criado pelo inglês Tony Buzan, como uma forma de aprendizado e de proporcionar suporte ao pensamento e à criatividade. Tendo como referência os gregos, que memorizavam um assunto a partir de associações e imaginação, ele criou um diagrama para organizar o pensamento, os sentimentos e as ideias com um único fim.

Para fazer o mapa mental, numa única folha de papel ou num único quadro, precisa-se estabelecer um ponto central e, a partir dele, traçar linhas que irão se conectar e assumir a forma de uma teia. Cada ramificação dessa teia irá conectar uma ideia com tarefas e ações relacionadas ao tema que se pretende realizar. A rede criada entre os elementos será preenchida com palavras-chave e, se for o caso, com desenhos, cujo significado fará sentido para o autor daquele mapa mental específico.

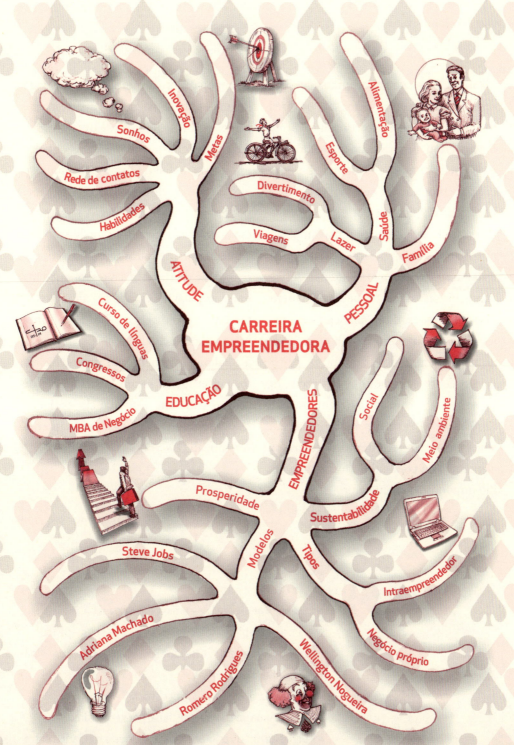

Baseando-se na concepção de que nossos pensamentos não são lineares (não seguem um fluxo contínuo), Tony Buzan criou um recurso para ampliar o potencial criativo e aumentar a retenção das informações pelo nosso cérebro por meio do uso de cores, imagens e palavras-chave. O mapa mental amplia a possibilidade de associações criativas na elaboração de um planejamento de assuntos profissionais ou pessoais. Quem pretende, por exemplo, planejar uma palestra, coloca o tema sobre o qual falará no ponto central do diagrama. A partir dele, desenha os ramos que representam os temas, a estrutura, os recursos, etc. Com base nesses ramos, novas ideias são adicionadas para contemplar todos os elementos de conteúdo e forma que serão importantes naquele projeto.

O mapa mental oferece algumas vantagens sobre a estrutura roteirizada de um plano de negócio ou de uma planilha de ação hierarquizados e apresentados em forma de lista. Em primeiro lugar, o fato de ocupar uma única folha de papel possibilita a visão do todo. A ideia principal, colocada no centro, pode ser vista como o alvo a ser alcançado. Além disso, o modelo permite a conexão imediata entre as palavras-chave, que são imediatamente reconhecidas. Ele é, por fim, um modelo inclusivo, pois permite que, a qualquer momento do preenchimento, novas ideias sejam posicionadas de acordo com sua importância sem que isso diminua o valor das ideias anteriores (Buzan, 2005).

Tony Buzan (2005) sugere os seguintes passos para a **elaboração de um bom mapa mental**:

- ✓ Comece pelo centro de uma folha de papel.
- ✓ Pense no tópico, problema ou assunto a ser mapeado.
- ✓ Use uma imagem central que represente a ideia principal.
- ✓ Desenhe ramos curvos.
- ✓ Utilize cores durante o processo.
- ✓ Utilize uma única palavra-chave para cada ramo.
- ✓ Ligue os ramos primários, secundários e terciários entre si.

É muito importante que, ao criar o mapa mental, tenhamos claro que ele é uma ferramenta que ajudará a aproveitar aquilo que os dois hemisférios cerebrais têm de melhor para tornar o projeto mais criativo e inovador. Nenhuma conexão, portanto, deve ser censurada, por mais absurda que pareça. Deixe o julgamento e a avaliação de cada ideia para a etapa seguinte, de melhoria de seu mapa. Na internet encontram-se disponíveis uma série de modelos que orientam e facilitam a elaboração do mapa mental.

Outra ferramenta, mais recente, utilizada para planejar a carreira ou o negócio de forma inovadora é oferecida pelo modelo canvas (Osterwalder e Pigneur, 2011). Trata-se de um quadro de formato simples, em que as informações são dispostas intuitivamente e alinhadas de forma consistente para definir o modelo de negócio no qual uma empresa ou um profissional organizará seus passos e perceberá o valor econômico de sua ação. Comungando das mesmas premissas do mapa mental, o propósito do modelo de negócio canvas é explorar todo potencial dos dois hemisférios do cérebro para criar algo inovador. Para construir o quadro serão utilizadas diversas técnicas, como cores diferentes e papéis adesivos (tipo *post-it*) afixados sobre a folha de papel com as palavras-chave. O modelo, bem como as orientações de preenchimento, está disponível no *site* do Business Model Generation (http://www.businessmodelgeneration.com).

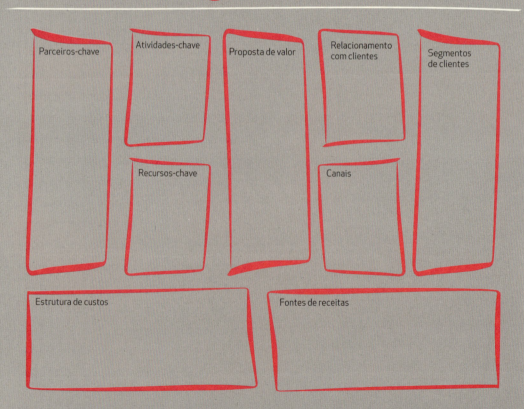

Componentes do modelo canvas

> **Segmentos de clientes:** Para quem se está criando valor?

> **Proposta de valor:** O que entregar aos clientes?

> **Canais:** Como alcançar os clientes?

> **Relacionamento com clientes:** Que tipo de relacionamento se espera ter?

> **Fontes de receitas:** Quanto os clientes estão dispostos a pagar?

> **Recursos-chave:** Quais são os principais recursos que a proposta de valor requer?

> **Atividades-chave:** Quais são as principais atividades requeridas?

> **Parceiros-chave:** Quem são os principais parceiros?

> **Estrutura de custos:** Quais são os principais *drivers* de custo?

Essa estrutura também pode ser utilizada para pensar a carreira profissional. De forma simples, ao responder às perguntas você poderá descobrir uma maneira inovadora de alinhar seus talentos com seu projeto de vida. Veja abaixo, como exemplo, o modelo de negócio canvas que pode traduzir a trajetória de Alice.

Planejar e monitorar os passos para evolução na carreira ou para construção do próprio negócio deve ser feito com a utilização integral do cérebro, aproveitando todos os recursos e potencialidades da razão e da intuição. A verdadeira atitude empreendedora está na capacidade de colocar em prática, de forma sinérgica, os dois hemisférios do cérebro. A utilização integral do cérebro será em benefício da realização criativa e da geração de resultados simultaneamente. **A intuição e a razão devem estar contempladas nas ferramentas de planejamento que estarão a serviço do empreendedor e que permitirão explorar a riqueza de elementos aparentemente contrários e diversos.** O que não contribui para a atitude empreendedora é um modelo que prende ou que exclui um dos hemisférios do cérebro.

ALICE É AMIGA DO GATO QUE PERTENCE À DUQUESA E...
REDE DE RELAÇÕES

A ideia de que o homem é um ser social por natureza está presente em textos filosóficos escritos por Aristóteles na Grécia Antiga, como também em estudos da psicologia e sociologia das mais diversas correntes do pensamento científico. **A sobrevivência, a evolução e o desenvolvimento do ser humano estão diretamente relacionados à sua convivência com outros seres humanos.** Desde a infância, as pessoas estabelecem laços umas com as outras. É pela convivência com os adultos que começamos a desenvolver, na infância, as ferramentas que garantirão nossa existência pessoal. Com o passar do tempo e com a ampliação da quantidade de pessoas com quem criamos vínculos, formamos redes de convivência constituídas de parentes, vizinhos, colegas de escola, professores, amigos, companheiros de trabalho e outras pessoas. Essas redes vão se tornando mais complexas e passam a organizar nossa forma de viver em sociedade.

Sempre pertencemos a uma rede social.

CONEXÃO ENTRE NÓS

Conexão é o ponto de ligação entre duas partes ou situações distintas. É aquilo que nos mantém unidos a algo. Quando utilizamos um computador ligado à internet, dizemos que estamos conectados à web. Quando, numa viagem, precisamos trocar de avião antes de chegar ao destino final, dizemos que fizemos uma conexão em determinada cidade. Quando percebemos a existência de nexo entre duas ideias, dizemos que elas têm conexão. Na rede de relacionamentos, a conexão é o ponto de interesse comum que nos manterá ligados a outra pessoa. As pessoas podem estar conectadas por terem a mesma profissão, por terem o mesmo gosto por um determinado modelo de carro, por torcerem pelo mesmo time de futebol ou por qualquer outro motivo. É comum que, a partir de uma conexão estabelecida por qualquer uma dessas razões, as pessoas passem a se relacionar e descubram outros pontos comuns entre elas.

A rede social é tecida e ampliada (ou reduzida) ao longo de toda nossa vida. Ela é dinâmica e compartimentada em áreas de interesse e propósitos de vida comuns. Os critérios de convivência são estabelecidos com base na função que cada indivíduo desempenha no conjunto. Esses critérios, somados à intenção de conviver com pessoas, mantêm-nos conectados à nossa rede de relacionamentos. Um relacionamento entre pessoas é pautado por interesses ora claros e específicos, ora difusos e inconscientes. Isso é o que diferencia algumas das relações, tornando algumas redes mais sólidas do que outras.

Quanto mais amplo e variado for nosso leque de interesses, maior tenderá a ser nossa rede de relacionamentos.

Algumas de nossas relações nascem pelo interesse específico, que é o que chamamos de **critérios**, como mostrado a seguir:

- **Situações afetivas:** são relações que podem proporcionar prazer, diversão e gratificação pessoal. Como consequência, elas podem estimular *hobbies*, desenvolver gostos e gerar outros benefícios dessa natureza.

- **Desenvolvimento e aprendizado:** é cada vez mais comum, na internet e fora dela, encontrar comunidades voltadas para a discussão e aprendizagem de um determinado assunto. Os relacionamentos que se formam a partir desse tipo de interesse proporcionam enriquecimento pessoal e também profissional na medida em que ampliam nossas habilidades e nossas competências.

- **Carreira e profissão:** os relacionamentos estabelecidos nos ambientes de trabalho pelos quais passamos podem ser importantes na hora de mudar de emprego. Podem, portanto, ampliar nossas possibilidades de trabalho e nos colocar em contato com pessoas que desempenharão papéis importantes em nossa vida profissional.

- **Altruísmo e cidadania:** são os vínculos estabelecidos com o propósito de melhorar as condições de vida da comunidade ou do país, ou de dar apoio a um grupo social específico.

Uma rede só se manterá conectada caso seja permanentemente nutrida e traga benefícios à maior quantidade possível de integrantes. Esses benefícios devem ser mútuos e compartilhados. Assim, não se deve participar de uma rede com os olhos voltados exclusivamente para as vantagens que poderão ser extraídas do relacionamento. Quem ingressa numa rede disposto a ampliar seu conhecimento, a fortalecer suas chances de crescimento ou simplesmente se divertir deve estar preparado para oferecer seu conhecimento e seu humor para proporcionar aos demais integrantes exatamente o mesmo que foi buscar.

O tipo de rede que se estabelece entre as pessoas pode compor diferentes desenhos levando em conta os interesses, as afetividades e o poder estabelecidos entre as pessoas pertencentes a um grupo. Franco (2009) explica que a sociologia considera as redes como metáforas para organizações sociais, isto é, servem para apresentar ou visualizar e, às vezes, investigar relações entre esses indivíduos. A partir dessa ideia podemos considerar os famosos diagramas do engenheiro Paul Baran (1964) uma referência para análise e construção de modelo de rede. Baran foi um dos inventores da rede de comunicação entre cientistas que estabeleceu as bases da internet. Na década de 1960, desenvolveu um sistema que pudesse manter a comunicação entre pontos finais mesmo durante estragos provocados por um ataque nuclear.

A troca é fundamental. Quanto mais intensas as pessoas forem em sua participação numa rede, mais poderosa ela tende a se tornar.

A intenção de Baran era construir uma rede de comunicações distribuída, menos vulnerável a ataques ou a quedas do que as redes convencionais. Na figura a seguir, podemos ver que os nós estão no mesmo lugar, o que muda nos três desenhos é a ligação entre eles. Mesmo sendo uma convenção, podemos espelhar nossa rede de relacionamentos nesses modelos, podendo ser mais ou menos centralizada. As conexões distribuídas entre os nós nas quais as relações são menos hierarquizadas e mais democráticas são mais fortes.

Exemplos de relações.
Fonte: Baran *apud* Franco (2009).

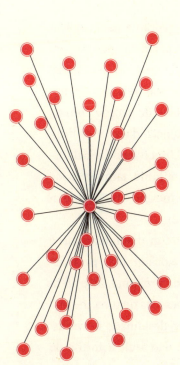 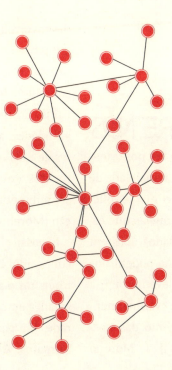 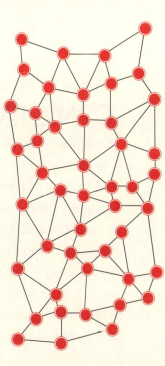

Mapeamento da rede de relacionamentos

- Quantas pessoas fazem parte das suas redes de relacionamento pessoal, profissional e virtual?
- Qual é a intensidade de cada uma dessas relações?
- Qual delas mais demanda sua atenção e qual você precisa nutrir?
- Qual delas precisa ser ampliada?

REDE SOCIOMÉTRICA: OS NÓS ENTRE NÓS

O mapeamento das relações nos orienta, ajudando-nos a avaliar a qualidade de nossas relações e fazendo com que voltemos nossa atenção para aquelas que estão mais carentes de cuidados. Existem ferramentas específicas que podem nos mostrar em que sentido devemos agir a fim de corrigir falhas que eventualmente percebamos no tratamento das nossas relações. O psiquiatra J. L. Moreno desenvolveu um diagrama para explicar a importância e o papel das pessoas em nossos relacionamentos. Isso nos ajuda, sobretudo no caso das relações de trabalho, a organizá-las de acordo com as afinidades, as potencialidades e os limites de cada uma. Uma rede de relacionamentos, em seu conjunto, também pode ser submetida ao mesmo tipo de avaliação (Moreno, 2008).

É possível criar um diagrama, que é conhecido como sociograma, para demonstrar o grau de proximidade e afetividades entre as pessoas de uma mesma rede. Ele pode ser desenhado de vários formatos. Alguns dão a ele a forma de uma árvore, com ramificações a partir do tronco, em que são postas as relações mais antigas. Outros o organizam no formato de uma lista de endereços. É possível encontrar, na internet, algumas ferramentas que ajudam a visualizar com clareza uma rede de relacionamentos. Neste livro, optamos por utilizar o modelo que, depois de ser preenchido, assume (não por coincidência) um formato que se assemelha a uma teia (ver p. 243). Nela, os nós representam pessoas que são ligadas diretamente entre si por uma linha. As relações em uma rede pessoal não são levadas ao diagrama numa posição vertical e hierárquica, como o organograma de uma empresa. A posição destinada a cada pessoa dependerá de sua importância e do número de contatos que ela tem naquele grupo. O diagrama das relações deve ser circular. As pessoas com maior quantidade de relações recíprocas têm a posição central. Nas posições periféricas encontram-se, como é óbvio, as pessoas com poucas conexões.

O preenchimento do sociograma permite visualizar a quantidade e a intensidade das relações entre as pessoas de uma rede de relacionamentos.

O mapeamento poderá ajudar na reflexão sobre a posição que cada pessoa ocupa dentro de um grupo. A partir das conclusões possibilitadas por um trabalho como esse, tornam-se claros os investimentos necessários para melhorar a posição de cada um em determinado contexto.

O sociograma pode ser construído, também, a partir dos interesses da própria pessoa que o elabora. Nesse caso, ela se coloca na posição central e, a partir daí, define sua conexão com os integrantes de sua rede. Na maioria das vezes, os resultados apontados pelo sociograma costumam ser surpreendentes. Ao preencher o diagrama, algumas pessoas descobrem que estão negligenciando relacionamentos importantes, ou que há mais pessoas decisivas em sua rede do que era capaz de supor.

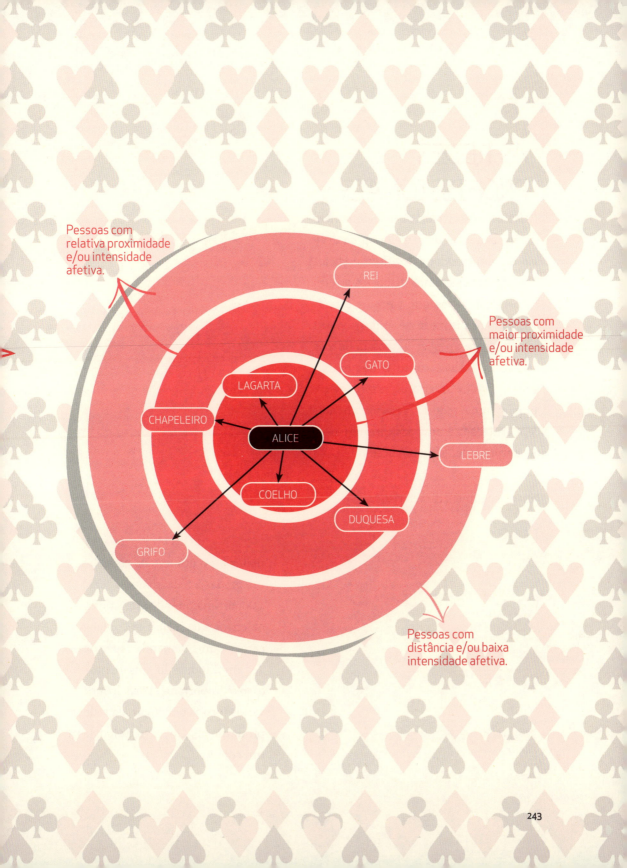

AS REDES PROFISSIONAIS

Utilizar nossa rede de relacionamentos em benefício da carreira ou da decisão de empreender é legítimo e eficaz. E desde que estejamos dispostos a retribuir os benefícios que viermos a receber, nada nos impede de utilizar nossas relações para ampliar as possibilidades de sucesso. Aliás, como vimos em alguns capítulos anteriores, ter, manter e ampliar uma rede de relacionamentos bem articulada é uma das características do empreendedor bem-sucedido. Uma **rede de relacionamentos forte** tem as seguintes características:

1 Quantidade: quanto maior for o número de pessoas integradas à rede, maiores serão as oportunidades de atingir os objetivos e de incluir os contatos certos a uma demanda específica. Ter amplitude e dimensão, nesse caso, é importante. Participar de vários fóruns temáticos, da rede de profissionais LinkedIn e Google+ é um começo.

2 Intensidade: redes de relacionamento não são coleções de cartões de visita ou número de amigos no Facebook. Elas devem ser nutridas para que as ligações entre as pessoas se tornem fortes e confiáveis. Só haverá compartilhamento de ideias e apoio para a solução de problemas se os integrantes da rede tiverem um vínculo estreito.

3 Diversidade: quanto mais diversificados forem os integrantes da rede (seja por origem, formação, estilo de vida, atividade), melhor será a possibilidade de novos aprendizados e oportunidades.

Qualidade: os relacionamentos em uma rede devem proporcionar experiências ricas, satisfação e envolvimento saudável entre as pessoas. Esse item é de fundamental importância para valorizar sua participação e permanência em uma determinada rede. **4**

Hoje em dia, é praticamente obrigatório participar das redes sociais que se formam a partir da internet. Elas se tornaram amplas e disseminadas, e muitas das pessoas que delas participam nem sempre se conhecem pessoalmente. Quando bem utilizadas, podem se tornar uma boa fonte de contatos profissionais — além de sociais. E podem, assim como as redes convencionais, ser de grande utilidade para o alcance das metas empreendedoras.

245

O PAPEL DE CADA UM NA REDE

Uma forma de cuidar de nossos relacionamentos dentro de uma rede é tratar os demais integrantes com base nos princípios do mercado e dos papéis que eles desempenham em relação a nós a partir de uma visão comercial. A cada pessoa deve ser atribuído um papel específico — de cliente, de fornecedor ou de concorrente. A partir daí, nosso relacionamento com cada uma delas deve ser avaliado com base nos princípios do marketing. Segundo Philip Kotler (1988), marketing é a atividade dirigida para a busca da satisfação das necessidades e dos desejos dos consumidores, mediante processos de troca. No que diz respeito à avaliação de nossa rede de contatos, é necessário que conheçamos o papel e as características das pessoas para decidir como nos relacionar com elas.

Os papéis são:

Cliente:
para uma empresa, o cliente é aquele que consome os produtos ou usufrui dos serviços oferecidos. É a ponta mais importante do relacionamento. Ao analisar as pessoas que participam de nossas redes, precisamos saber, assim como um empreendedor procura fazer quanto a seus clientes, quais são seus gostos e suas necessidades.

Fornecedor:
é aquele que dispõe dos recursos necessários para que o empreendedor realize seu projeto. Ele fornece conhecimento, matéria-prima e tudo aquilo que uma empresa necessita para desenvolver seu trabalho. Algumas pessoas de nossas redes podem perfeitamente cumprir esse papel.

Ao analisar as pessoas de sua rede de relacionamentos, reflita sobre o papel mais adequado para cada uma. No mundo profissional, devemos ter a capacidade de nos relacionar com uma série de pessoas, mantendo um contato vivo e saudável. A pessoa com atitude empreendedora tem a capacidade de persuadir e de conquistar a confiança daqueles com quem se relaciona. Deve ser sensível às necessidades e atento às características das outras pessoas.

A realização de qualquer projeto profissional depende da interação com uma série de colaboradores, conselheiros, fornecedores, clientes ativos, clientes em potencial, apoiadores e amigos. Estreitar tais ligações a ponto de estabelecer uma relação de troca que agregue vantagens a seu projeto não é, necessariamente, uma habilidade natural. Ela pode ser construída a partir de algumas ações voltadas para essa finalidade. Uma vez percebida a necessidade de melhorar a qualidade de seus relacionamentos pessoais e profissionais, é aconselhável fazer um planejamento e estabelecer metas sobre esse ponto específico. Alguns atributos como atenção, sensibilidade e transparência podem ser trabalhados.

Concorrente:

é aquele que atua na mesma atividade e disputa os mesmos clientes que pretendemos satisfazer. A despeito disso, algumas pessoas podem servir de exemplo para nosso funcionamento e nossa atuação. E, em determinados casos, podem servir como parceiros ou mentores.

CORTEM-LHE A CABEÇA!
CONVENCER OU PERSUADIR PARA INFLUENCIAR

Você pode ser muito mais influente do que imagina e tornar-se ainda mais caso se proponha a desenvolver sua atitude empreendedora. Isso porque **as pessoas empreendedoras parecem ter um tipo de magnetismo especial e geralmente encantam quem está à sua volta.** É isso que faz com que consigam apoio para projetos de difícil implementação.

Tudo o que vimos nesta viagem, até chegarmos a este ponto, provavelmente ajudou você a desenvolver – ou pelo menos a abrir os olhos para a necessidade de desenvolver – uma atitude mais empreendedora, mas falta ainda abordarmos a capacidade de influência e de persuasão para viabilizar seu projeto empreendedor.

O primeiro passo para adquirir mais esse item da bagagem é perceber o sentido dos verbos "convencer" e "persuadir". Você acha que a Rainha de Copas é persuasiva ou convincente?

Numa passagem da história de *Alice no País das Maravilhas*, a Duquesa, sua amiga, aproxima-se da Rainha de Copas. Temerosa, com a voz baixa e fraca, deseja-lhe um bom dia. A rainha aos gritos responde: "Estou lhe avisando, ou você ou sua cabeça devem desaparecer já!". E pede que a própria Duquesa faça a escolha. A duquesa fez sua escolha: desapareceu em um instante.

Apesar de muitas vezes serem apresentados como sinônimos, esses verbos expressam ações absolutamente distintas entre si. Persuadir vem do latim *persuadere*, que significa "aconselhar" ou "levar a uma opinião", "produzir convicção a respeito de alguma coisa". Convencer, por sua vez, tem o sentido de "vencer completamente; confundir um adversário; provar vitoriosamente qualquer coisa contra alguém". Conclui-se, assim, que uma pessoa convencida foi "vencida" por uma argumentação, enquanto a persuadida foi levada a concordar com o argumento. Com certeza a Duquesa foi convencida a se retirar do campo de jogo da Rainha, afinal foi ameaçada de ter a cabeça cortada.

O verbo "persuadir", portanto, está associado à ideia de competência, de capacidade, de arte e de poder que alguém tem para conseguir a adesão de outros a seu projeto. "Convencer" remete à ideia de pressão e refere-se ao poder de alguém para conseguir que o outro reconheça sua superioridade. Uma pessoa que foi convencida parece agir sob a pressão de fatos que lhe foram impostos. Já a pessoa persuadida abraça o projeto do outro como se fosse seu, age de forma livre e espontânea, por sua própria vontade. Para finalizar, enquanto o convencimento se estabelece no nível da inteligência e da razão, a persuasão envolve a vontade e as emoções. A persuasão, portanto, é o recurso mais adequado e eficaz para conquistar pessoas e influenciá-las.

O interesse da humanidade por formas de influenciar pessoas é antigo e foi tratado por Aristóteles em *Retórica*. Porém, o interesse da psicologia social por pesquisas que demonstrem cientificamente os processos psicológicos da influência é relativamente recente. O psicólogo Robert Cialdini (2008), professor na Universidade Estadual do Arizona, nos Estados Unidos, tem sido um dos investigadores mais envolvidos com as dinâmicas da persuasão e da influência social. Para ele, **persuasão é a habilidade de trazer as pessoas para o nosso lado, mudando apenas a maneira como apresentamos nossos argumentos.**

Estabelecer empatia (que é a capacidade de se colocar no lugar do outro e identificar seus sentimentos naquela situação específica) é um fator de extrema importância para influenciar pessoas. A capacidade de não apenas entender os problemas alheios, mas de se colocar no lugar do outro e perceber como ele se comporta diante de um problema é fundamental para se iniciar o processo de persuasão. A conquista de pessoas para nossos projetos inovadores exige que entendamos os motivos que poderiam fazer com que elas se interessassem por aquela ideia. É importante que nossos interesses e os de outras pessoas sejam atendidos sinergicamente nesse relacionamento.

Em um dos encontros de Alice com o Gato de Cheshire, ela pergunta: Que tipo de gente mora aqui? O gato, ainda no galho de uma árvore, responde que de um lado mora o Chapeleiro e, do outro, a Lebre de Março. Então diz:

"Visite qual deles quiser: os dois são loucos."
"Mas não quero me meter com gente louca", Alice observou.
"Oh! É inevitável", disse o Gato. "Somos todos loucos aqui. Eu sou louco. Você é louca."
"Como sabe que sou louca?", perguntou Alice.
"Só pode ser", respondeu o Gato, "ou não teria vindo parar aqui."
(Carroll, 2009, p. 77).

Diferentemente da rainha, o Gato de Cheshire argumenta com Alice colocando-se na mesma condição que ela (ambos são loucos) para influenciá-la a visitar os personagens, estimulando sua curiosidade em conhecê-los e falando como autoridade no assunto. Assim deve ser um processo de comunicação prioritário de uma pessoa empreendedora. Desenvolver a capacidade de influenciar as pessoas pelas quais se interessa.

Segundo Robert Cialdini, existem **seis processos relacionais que favorecem a persuasão.** São eles:

Reciprocidade: fazer concessões a quem nos faz favores é uma regra social em quase todas as culturas. Nesse caso, se você quer a ajuda de alguém, tem que oferecer algo primeiro. O que é oferecido deve ser personalizado e significativo para o outro.

2 Escassez: oferecer algo escasso estimula a vontade da outra pessoa em ter aquilo. A ameaça ou a sensação de escassez de um item aumenta o seu valor.

3 Autoridade: a palavra de um especialista representa um valioso argumento de conquista. Ao defender um ponto de vista, é importante demonstrar confiança e transmitir credibilidade.

4 Consistência: as pessoas serão mais envolvidas se o argumento sugerir coerência entre suas ações passadas com as do futuro. Elas querem ser consistentes com o que dizem ou fazem.

5 Consenso: as pessoas tendem a fazer o que os outros estão fazendo. Preferem agir de forma parecida com a de pessoas próximas.

6 Afinidade: estamos mais dispostos a abrir concessões para as pessoas das quais gostamos ou com as quais somos parecidos. Somos suscetíveis a elogios, principalmente se forem verdadeiros.

Para influenciar pessoas que consideramos importantes para nossas conquistas, precisamos conhecê-las de forma genuína. É importante procurar entender seus sonhos, conhecer suas ambições e desejos. Em qualquer viagem, as melhores companhias são aquelas com quem podemos compartilhar ideias, dividir os suprimentos, descobrir novas possibilidades de roteiro, nos divertir e comemorar juntos. A responsabilidade pela conquista de bons parceiros é nossa. Proporcionar um convívio saudável e produtivo só fará de sua viagem um projeto inesquecível.

Fonte: Cialdini (2008).

QUEM FOI QUE SONHOU? A DECISÃO DE SER EMPREENDEDOR

Nossa identidade pessoal é a soma dos diferentes papéis sociais que desempenhamos. O papel de pai ou de mãe, de marido ou de esposa, de irmãos, de amigos, de colegas de trabalho, de professores ou de alunos. Cada um de nós desenvolve, pelo acúmulo de experiências de vida, uma série de recursos internos que facilitam a inclusão de novos papéis aos que já temos. Toda pessoa possui um conjunto de papéis sociais e de recursos psicológicos que desenvolve desde o nascimento. Eles não apenas são a base da estrutura da nossa identidade, como também são elementos fundamentais para a adição de novos papéis ao repertório pertencente a cada um de nós. É por meio do desempenho dos papéis sociais que estabelecemos vínculos com as pessoas de nossa rede e atingimos nossos objetivos de vida.

Cada um desses novos papéis, quando ancorado nos papéis anteriores, amplia nossa base de conhecimento e abre novas oportunidades. Isso acontece em todas as instâncias de nossa vida, inclusive na profissional. Além da formação técnica que nos habilita a exercer determinada atividade profissional, levamos para o ambiente de trabalho um pouco daquilo que desenvolvemos em nosso papel de pai, de amigo ou de aluno.

Os papéis, como vimos anteriormente, são funções que exercemos em relação às pessoas e ao contexto em que vivemos. Para desenvolver a atitude empreendedora, tornando-se, assim, um empreendedor, o fundamental é incorporar os elementos que caracterizam esse papel e desempenhá-lo no ambiente do qual faz parte. Quando isso acontece, "ser empreendedor" passa a ser um novo papel, com suas características peculiares e seu código específico no relacionamento com outras pessoas. Quem já pensou e não levou adiante a ideia de mudar de emprego, de ter uma nova profissão ou de abrir um novo negócio deve parar e se fazer uma (apenas uma) pergunta fundamental: Por que ainda não fiz isso?

A tentação inicial é responder que a imobilidade se explica pela falta de atitude. Isso é verdade. Mas antes de se contentar com uma resposta definitiva, porém pouco esclarecedora, convém fazer uma investigação um pouco mais profunda. Em primeiro lugar, é preciso ter claro que toda decisão importante que precisamos tomar em relação aos nossos vínculos pessoais (sobretudo aquelas que implicam uma mudança significativa de vida) precisa ser compartilhada pelos diferentes papéis e subpapéis que desempenhamos.

Quando sentimos a necessidade de mudar, convocamos uma espécie de assembleia mental e, nela, os diferentes papéis são chamados a opinar até encontrar a alternativa que mais convenha à nossa identidade pessoal. Quanto mais ampla for a mudança e quanto mais papéis ela envolver, mais difícil será obter um acordo que oriente essa mudança.

OS TRÊS PAPÉIS: UMA ASSEMBLEIA DE "EUS"

Nenhuma mudança profunda é fácil, por mais desejada que seja. O importante, para assegurar que ela ocorra, é trazer para o centro da cena três subpapéis importantes, que poderão ter uma influência fundamental na atitude que promoverá a mudança de forma efetiva, espontânea e criativa. Como nas três dimensões em que estruturamos nossa viagem em direção à atitude empreendedora, existe em cada um de nós um subpapel interno com características técnicas (o "eu" profissional), outro com características pragmáticas (o "eu" administrador) e, com certeza, um terceiro (o "eu" sonhador) que tem interferência direta na definição de nossa estratégia de vida.

Quem já viveu uma situação importante para a vida profissional (seja uma mudança de emprego, o fechamento de uma negociação importante, seja a abertura de uma nova empresa) certamente já ouviu várias "vozes internas", que não cessam de dar palpites e que ficam o tempo todo nos orientando a ir mais depressa ou mais devagar, a tomar esse ou aquele caminho. É mesmo como se tivéssemos vários "eus", que às vezes nos incentivam e em outras não nos permitem agir. Essas "vozes internas", na verdade, são consequência de nossas experiências em papéis sociais que desempenhamos anteriormente e que, com segurança, são fundamentais para termos uma atitude mais empreendedora na carreira ou à frente de uma empresa que decidamos abrir. Pergunta-se então: Qual das vozes devemos ouvir? Qual delas tem razão?

Conhecer melhor **os papéis internos**, entendê-los e utilizá-los para obter sucesso como empreendedor é fundamental. Até porque, sem eles, ninguém é capaz de se ver no papel de empreendedor.

O técnico: é o executor. É focado no presente e detém o talento e a habilidade de saber executar uma determinada profissão. O técnico é aquele que sabe fazer. Algumas pessoas, nesse papel, usam expressões como "deixa comigo" quando se veem diante de um desafio. Tem o foco na realização e utiliza o microscópio para enxergar o mundo nos seus mínimos detalhes. O artesão, por exemplo, sabe fazer bijuterias, o mecânico, consertar motores, e o estilista, criar modelos.

O estrategista: é aquele que imagina o futuro. É o sonhador, que pensa em situações diferentes e desenvolve soluções inovadoras. Se alguém lhe pergunta se já pensou em abrir um negócio, ele sempre responde que tem um projeto grandioso que, quando for posto em prática no futuro, será um sucesso. Ele é capaz de antever dezenas de pessoas felizes, usufruindo seus produtos e serviços. O estrategista usa sempre as expressões "quando" e "se". Cria cenários completos, é arrojado e deixa transparecer sua paixão pelos seus projetos. Olha o mundo com um telescópio e, portanto, sonha alto e enxerga longe.

O pragmático: é o administrador que prevê os passos da caminhada e busca sempre alcançar os objetivos que traça. Seu foco é no processo, naquilo que precisa ser executado depois que a decisão é tomada. Por isso ele tem uma função muito importante para o empreendedor. O administrador planeja o que o estrategista já decidiu e facilita a atuação do técnico através da organização. O administrador é o lado da razão. Ele define métodos e procedimentos, e sempre usa as expressões "tem que ser assim" e "como seria se". O administrador olha o mundo com um binóculo, enxerga detalhes e amplia aquilo que se encontra a seu alcance.

Todos nós temos esses três papéis dentro de nós. Estão em revezamento constante em nossa identidade e, a cada momento, um deles se impõe sobre os demais. Ora somos sonhadores, ora somos técnicos, ora somos administradores. Para desenvolvermos uma atitude empreendedora, os três papéis precisam estar juntos, compartilhando o mesmo palco em posições iguais de destaque. Um não pode permitir que outro sufoque os demais. Nenhum pode se omitir nas situações mais importantes. E nenhum pode delegar ao outro a missão de ocupar o seu espaço na cena. A sintonia entre esses papéis é fundamental em cada etapa da jornada empreendedora, e a todo instante é preciso se certificar de que eles estejam em ação e em equilíbrio. Quando estão, nossas decisões tendem a ser mais acertadas, nossos projetos têm mais chances de sucesso, e a felicidade com os resultados é praticamente assegurada.

Papéis internos

Dimensão	técnica	estratégica	pragmática
Papel	especialista	sonhador	administrador
Instrumento	microscópio	telescópio	binóculo
Característica	executor	visionário	crítico

QUE JOGO É ESTE?
ÉTICA E EMPREENDEDORISMO

Ética é, numa definição ligeira, **um conjunto de valores socialmente aceitos que orientam a ação do indivíduo diante do grupo (ou dos grupos) ao qual está ligado.** Na história de Lewis Carroll, há momentos em que Alice age de acordo com a ética; por exemplo, ao não aceitar que o Valete acusado de ter roubado as tortas da Rainha de Copas fosse decapitado sem um julgamento. Isso porque a ordem de execução sem a confirmação da culpa estava em completo desacordo com a ética da menina.

Qualquer pessoa de bom senso vê a atitude da menina como mais adequada a um código de ética civilizado do que a ordem de execução por parte da Rainha. Há muitos aspectos, cujo posicionamento depende de uma avaliação ética do problema, que não são tão simples assim. Neste novo milênio, a humanidade está sendo permanentemente exposta a novos paradigmas. As mudanças são velozes, constantes e intensas em nosso cotidiano. A noção de que todos nós estamos unidos numa mesma rede exige o desenvolvimento e a incorporação de novos valores e novas atitudes diante dos outros.

Um exemplo disso é a nossa cultura ambiental e os impactos que ela tem sofrido diante da piora evidente das condições de vida no planeta. A preocupação com o meio ambiente, os recursos esgotáveis (como o petróleo e a água) e as mudanças climáticas, que parecem irreversíveis e que certamente foram causadas pela ação do homem na busca pelo crescimento econômico, são, atualmente, pontos prioritários na avaliação ética que cerca a criação de um novo empreendimento. São também indicadores relevantes que devem ser considerados na hora de definir as inovações de processos e serviços dos negócios já implantados.

Alice, ao ser convidada a jogar croqué com a Rainha, se dá conta de que as regras não eram claras e ninguém sabia a hora e a ordem das jogadas. Além disso, a confusão causada pelo fato de os arcos e tacos serem animais vivos levou-a a crer que o jogo estava preparado para a Rainha vencer sempre. O cumprimento de acordos, regras e contratos é fundamental para

que o empreendedor seja respeitado na sua empreitada. Atualmente, o ambiente de negócios é globalizado e agir de forma transparente, mantendo a confiabilidade nas relações profissionais, é princípio ético para se manter no jogo. Não se pode "dar jeitinhos" para ganhar, muito menos mudar regras ou ignorá-las. Os outros jogadores sairão do campo.

Outro ponto importante é o respeito à diversidade cultural. A convivência próxima e intensa com outras culturas, etnias e religiões exige uma mudança em nossos critérios para o estabelecimento de relações. Saber agir de acordo com princípios éticos tornou-se crucial para o profissional moderno em geral e, mais especificamente, para o empreendedor. A implementação de qualquer projeto pessoal, portanto, deve considerar a diversidade e a multiplicidade de valores, hábitos e modos de vida.

Também deve ser considerado o compromisso com as gerações futuras e com o desenvolvimento do país. Entre as razões que devemos levar em conta para identificar os benefícios de um empreendimento para a sociedade, algumas estão nas respostas às seguintes questões:

 Para que empreender? Quem será beneficiado?

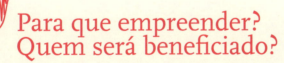 **O projeto está comprometido com o desenvolvimento das pessoas da comunidade e da sociedade em geral?**

 Quais valores devem estar presentes na ação empreendedora?

COELHO BRANCO COM CHAPELEIRO MALUCO: OS DOIS LADOS DO TEMPO

O tempo, um dos eixos mais importantes nas aventuras de Alice, é também uma das variáveis fundamentais da trajetória empreendedora. Conhecê-lo e saber lidar com ele é um dos fatores determinantes para o sucesso da jornada. Na obra de Carroll, o Coelho Branco, que a menina resolve seguir logo no início da história, mostra-se sempre apressado e aflito. A todo instante ele tira do bolso do colete um relógio, o qual consulta antes de se queixar que é tarde e que ele está atrasado para um compromisso qualquer. Na sequência da história, Alice vê mais uma vez o Coelho Branco, aflito, dirigir-se às pressas à casa da Duquesa. E, ao passar correndo pelo salão escuro onde Alice se encontrava, ele perde as luvas e o leque que deveria levar, mais tarde, ao palácio da Rainha de Copas, onde haverá uma partida de croqué.

O Coelho Branco entra na história como um personagem relacionado ao **tempo cronológico, aquele que é medido pelo relógio** e que se conta em segundos, minutos e horas. Na mitologia grega, esse tempo é representado pelo deus Cronos. É o tempo cronológico que nos permite ter referências de passado, presente e futuro. Com base nele estabelecemos nossas rotinas e estruturamos nossa vida cotidiana. Diante das exigências do ambiente de trabalho dos dias atuais, todos nós nos sentimos, assim como o Coelho Branco, pressionados pelo tempo. Estamos sempre atrasados, correndo atrás de algo e sem tempo para fazer tudo o que precisamos.

Há outro personagem da história, o Chapeleiro, que lida com a outra dimensão do tempo, aquela que, para os antigos gregos, está sob o domínio do deus Kairós. O Chapeleiro diz a Alice que, **se ela tratar bem o tempo e viver em paz com ele, poderá fazer tudo o que desejar.** Ou seja, o tempo poderá parar para que ela faça tudo aquilo de que gosta e poderá passar mais acelerado quando ela estiver fazendo aquilo que a desagrada. Para o Chapeleiro, por exemplo, o tempo parou e é sempre hora do chá. Trata-se, claro, de uma imagem rica e interessante.

Ao contrário dos dias, que são divididos em partes iguais e constantes de acordo com o relógio do Coelho Branco, o tempo do Chapeleiro é heterogêneo. Ele é determinado pelo significado de cada situação e parece ser mais ou menos elástico de acordo com o prazer que se tira de cada momento. Isso, claro, varia de pessoa para pessoa. Para alguns, ter a atenção presa por um livro interessante, por exemplo, pode fazer com que as horas passem sem que se dê conta disso. Para outros, uma hora praticando um *hobby* pode parecer mais intensa e infinita do que as horas comuns do dia. Uma hora de conversa com a pessoa amada pode parecer apenas um instante.

No que diz respeito aos personagens principais deste nosso livro — ou seja, os empreendedores —, as duas dimensões temporais são igualmente importantes. Saber fazer escolhas e priorizar algumas situações em detrimento de outras (ou seja, seguir a orientação de Kairós) nos obriga a organizar nosso tempo cronológico (ou seja, nossos hábitos, nossa rotina e nossos compromissos) de acordo com essa realidade. É essa organização que permitirá, por exemplo, que alcancemos nossos objetivos dentro do tempo cronológico definido em nossa meta. Em outras palavras, Cronos e Kairós estão sempre juntos em nossa vida, e ter consciência dessa realidade é fundamental para a orientação de uma jornada empreendedora bem-sucedida.

Saber lidar com o tempo e, como fez o Chapeleiro, **estabelecer com ele uma relação amigável é fundamental no momento de definir nossa relação com o trabalho e de decidir iniciar uma caminhada empreendedora.** É muito comum encontrar à nossa volta pessoas que encaram o tempo dedicado ao trabalho como um momento de sofrimento e de tortura. São pessoas que consultam o relógio de minuto a minuto e estão sempre à espera da hora de ir embora, pois estão no trabalho apenas para cumprir uma obrigação que lhe dará, no final do mês, o dinheiro da subsistência. Há outras pessoas, porém, que se relacionam com o trabalho de uma forma completamente diferente. Para eles, trata-se de uma atividade criativa e transformadora, que cumpre um papel fundamental na definição da identidade pessoal. O trabalho, para essas pessoas, é a atividade desafiadora e gratificante que viabiliza a conquista dos sonhos materiais, mas que, também, valoriza sua existência humana. Nesse caso, mal se vê o tempo passar.

É preciso, de qualquer forma, achar o ponto de equilíbrio entre Cronos e Kairós. Um profissional dedica, em média, oito horas de seu tempo diário ao trabalho. Isso significa um terço do dia. Caso ele tenha uma visão negativa do trabalho, um terço de sua vida cronológica será de tortura e sofrimento. Viverá contando o tempo que falta para a aposentadoria e, assim, desperdiçará o melhor momento de sua vida com o pensamento preso em algo que não gostaria de estar fazendo. Voltando ao início deste livro, olhará para uma atividade que ocupa uma parte significativa de seu dia com as lentes escuras de quem tem uma atitude negativa em relação à vida.

Cabe a cada pessoa escolher a forma com que irá encarar o trabalho e, assim, conviver com esse tempo de forma mais prazerosa. O profissional que encara o tempo cronológico que passa no trabalho com as lentes mais claras, da visão positiva, consegue perceber as oportunidades de crescimento e aproveita esse momento para realizar seus projetos. Pode ser que, nesse caso, ele até trabalhe mais do que as oito horas obrigatórias. Contudo, o avanço do ponteiro do relógio não terá a menor importância. Definir de que maneira será encarado o tempo dedicado ao trabalho é, também, uma questão de atitude.

Algumas pessoas desejam administrar o tempo, no entanto, talvez o mais correto seja conviver com ele. Nosso dia tem as mesmas 24 horas que tem para as outras pessoas que parecem fazer as horas se multiplicarem. O que nos ajudará a viver bem com o tempo será gerenciar nossas escolhas de trabalho.

Nas organizações contemporâneas, o ambiente competitivo, aliado à pressão por mais produtividade e à exigência permanente por inovação, pode fazer com que o trabalho criativo seja visto como corriqueiro.

Cabe a cada pessoa modificar o significado do trabalho em sua vida e promover uma transformação criativa em sua carreira. É importante identificar o grau de satisfação com sua vida profissional e procurar situações de trabalho que sejam significativas para seu projeto de vida.

O tempo gostará de conviver com você dessa forma.

268

É possível ser 1% melhor a cada dia

Você tem a sensação de que não consegue acompanhar as mudanças que ocorrem no mundo à sua volta? E percebe que, ao decidir mudar, o ritmo é tão acelerado e exige tanto esforço que dá vontade de deixar tudo como está?

A mudança em si já gera desconforto. Se for motivada por pressões externas, então, a dificuldade é ainda maior. É por essa razão que todos nós postergamos e resistimos até o último segundo para iniciar qualquer transformação – por mais positiva e desejada que ela seja. O problema está justamente aí: quanto mais se adia, maior será o tamanho da mudança e mais difícil será realizá-la.

Para não fazer modificações radicais na sua vida pessoal ou profissional, o ideal seria fazer pequenas mudanças com ritmo constante. Essa é a ideia do lema "seja 1% melhor a cada dia".

Conheci recentemente Pedro Sorrentino, um empreendedor que pratica esse método no seu dia a dia. Ele divide seu tempo entre São Paulo e a cidade de Boulder, no Colorado (Estados Unidos). Formado em jornalismo, Pedro é cofundador de duas empresas.

Ele decidiu aplicar em sua vida a melhoria de 1% a cada dia enquanto estava fazendo pós-graduação nos Estados Unidos.

A ideia é começar pelas atividades mais simples do cotidiano, com pequenas mudanças diárias em todas as áreas da vida. Ele iniciou com a saúde. Começou a acordar mais cedo, meditar e praticar atividades físicas, ampliando gradativamente o número de exercícios diários. Essa estratégia pode gerar uma grande mudança pessoal. Acompanhe o cálculo, pois depois de uma semana praticando 1%, você se tornará muito mais que 7% melhor. Em uma quinzena, esse valor é superior ao dobro. E em seis meses você estará infinitamete melhor em algum aspecto.

Para Pedro, essa atitude – melhorar 1% a cada dia – é mais importante ainda na sua atividade empreendedora. Na área de TI, em que ele atua, as mudanças são constantes e rápidas. Por isso, a disposição para melhorar sempre é ingrediente fundamental para a competitividade.

Depois de trabalhar em algumas *startups*, Pedro decidiu empreender, criando o *site* Resolva-me, uma rede de recomendação de profissionais. A intenção era criar uma página de classificados, como as páginas amarelas, que resolvesse rapidamente os problemas das pessoas com profissionais de confiança.

Em 2010, a ideia transformou-se em uma empresa com mais três sócios brasileiros. No ano seguinte, o negócio foi vendido ao Buscapé. Pedro poderia ter ficado na empresa e voltado a morar no Brasil, mas, para não se acomodar, escolheu continuar seu processo de melhoria nos Estados Unidos.

Atualmente com 23 anos, abriu sua segunda empresa. É sócio da Slumdog Produções, que realiza eventos para *startups*, e trabalha como Business Development Manager para a Sendgrid, empresa americana de TI que gerencia *e-mail* em nuvem. Ele considera que a disposição de fazer negócios inovadores num mercado evoluído e competitivo como o americano amplia sua possibilidade de amadurecimento pessoal e profissional, além de aumentar sua capacidade de enfrentar desafios.

Pedro acredita que este é o melhor momento para os negócios de TI no Brasil. Está sempre atento às novas oportunidades e disposto a ajudar empreendedores iniciantes. As mudanças sempre acontecem em ciclos, e o melhor momento para começar um novo ciclo é agora. Que tal aderir à ideia de ser 1% melhor a cada dia? Os resultados podem ser surpreendentes.

DIAS FELIZES DE VERÃO: PARA CONCLUIR

"Sem dúvida foi um sonho curioso, minha querida; agora vá correndo tomar seu chá, está ficando tarde."
Alice então se levantou e saiu correndo, pensando, enquanto corria o mais rápido que podia, que sonho maravilhoso tinha sido aquele.
(Carroll, 2009, p. 146)

Naquele lindo dia de verão, a irmã de Alice, no final da história, fecha os olhos e sonha acordada com o País das Maravilhas. Escuta o coelho passar correndo, o tilintar das xícaras de chá e quase acredita estar lá. Sabia que abrir os olhos a afastaria dessa aventura fantástica e voltaria à sua insípida realidade.

Estamos também chegando ao final desta jornada, e talvez algumas imagens formadas neste caleidoscópio ainda precisem ser observadas com mais atenção para que o caminho percorrido até aqui seja, de fato, o início de uma jornada empreendedora. É preciso entender que, assim como na história de Alice, **situações aparentemente sem nexo entre si fazem parte de um conjunto maior, cujo ponto de interseção é justamente a decisão de descobrir novas imagens em meio às possibilidades que a vida nos oferece a todo instante.**

Assim como as presenças do camundongo apavorado e do pássaro Dodô – personagens que surgem no início da história de Alice e desaparecem sem deixar rastro –, que só fazem sentido no livro para mostrar que o leitor deve se preparar para um enredo fantástico, alguns pontos mencionados aqui também só têm importância para a jornada empreendedora se forem vistos como partes de um todo.

Melhor ainda, cada um dos pontos apresentados, vistos em sua totalidade, pode e até deve ser utilizado separadamente. Mas quando todos são postos lado a lado e passam a funcionar simultaneamente, o resultado é extraordinário. Idêntico, por exemplo, à transformação que se dá na vida de Alice quando, depois hora de demonstrar atitude. Mais adiante, na quarta parte — que trata da dimensão pragmática e apresenta circunstâncias que devem ser vistas por meio do telescópio —, abordou-se a rede de relacionamentos e a sua importância para o sucesso profissional (seja numa carreira corporativa, seja à frente de um negócio próprio). Vistas assim, lado a lado, as duas situações passam a fazer mais sentido, evidenciando que uma pessoa autoconfiante tem meios de desenvolver uma rede de relações eficiente e de tirar dela o melhor proveito possível. Parece óbvio? Sim, parece. A verdade, porém, é que nem sempre é possível perceber tais detalhes com a clareza necessária e estabelecer a relação entre esses dois fatores no ambiente real do mercado.

O mesmo tipo de conexão pode ser estabelecido entre o sonho (tratado na terceira parte, "*A dimensão estratégica*", como algo cuja importância deve ser vista com a ajuda de um binóculo) e as metas, vistas na parte seguinte do livro. O sonho é importante em si mesmo, mas é a meta (desde que seja mensurável, específica, temporal e audaciosa) que nos aponta o caminho e nos orienta na direção daquele sonho. Um profissional talentoso na área

de procurar ajuda dos personagens que encontra e responsabilizá-los pelas dificuldades em que se envolveu, a menina percebe que a solução depende apenas dela mesma. E, quando isso acontece, nem as dificuldades criadas pela Rainha de Copas se mostram capazes de deter a menina.

Talvez o sentido do que acaba de ser lido ainda precise ser um pouco mais explorado para que o conceito se torne ainda mais claro. Conforme se viu na segunda parte deste livro — que trata da dimensão técnica e das qualidades que devem ser analisadas com a ajuda do microscópio —, a autoestima é condição necessária para que a pessoa confie em si mesma e tenha mais segurança na de atuação que escolheu, se for criativo e inovador, terá muito mais chances de persuadir possíveis parceiros e atraí-los para seus projetos empreendedores. E as possibilidades de realização tornam-se ainda maiores se tomarmos a decisão de ver o mundo com as lentes claras que iluminam um olhar mais positivo sobre a realidade e se chamarmos para nós (ou seja, para o nosso lócus de controle interno) a responsabilidade pelos resultados que vierem a ser alcançados.

Contudo, nenhum desses conceitos, que agora parecem fazer mais sentido, terá utilidade se cada uma dessas situações não estiver sendo guiada por aquele motor, o qual chamamos de atitude. Mais especificamente (e isso é fundamental para que consigamos chegar ao destino que buscamos ao longo desta viagem extraordinária na companhia de Alice e seus fantásticos amigos), ao qual demos o nome de atitude empreendedora.

Empreender, conforme o conceito utilizado com mais frequência no Brasil, acabou se tornando sinônimo do ato de abrir uma pequena empresa. Se, no entanto, pegarmos nossos três instrumentos e, com a ajuda deles, observarmos o mundo à nossa volta, nos daremos conta de que é muito mais do que isso.

Empreender é uma ação importante que pode ser desempenhada em combinação com todos os papéis que exercemos em nossa caminhada. É um recurso poderoso que, uma vez incorporado por nós, faz com que nunca estejamos satisfeitos com aquilo que temos e, sem jamais destruir aquilo que foi construído, também faz com que sempre queiramos ir em frente, evoluir e realizar projetos, os quais beneficiarão nossa família, parceiros, colaboradores, comunidade e até mesmo nosso país. E empreender beneficiará, sobretudo, a nós mesmos, proporcionando-nos aquilo que buscávamos quando iniciamos a jornada: a satisfação de projetos que nos transformam em pessoas melhores e mais realizadas.

BIBLIOGRAFIA

ÂNGELO, E. B. *Empreendedor corporativo*. Rio de Janeiro: Negócio, 2003.

ASHOKA EMPREENDEDORES SOCIAIS & MCKINSEY e COMPANY. *Empreendimentos sociais sustentáveis: como elaborar planos de negócio para organizações sociais*. São Paulo: Peirópolis, 2001.

AWAD, E. *Samuel Klein e Casas Bahia: uma trajetória de sucesso*. 2ª ed. São Paulo: Novo Século, 2005.

BEDÊ, M. A. (org.). *Sobrevivência e mortalidade das empresas paulistas de 1 a 5 anos*. São Paulo: Sebrae, 2005.

BORNSTEIN, D. *Como mudar o mundo: empreendedores sociais e o poder das novas ideias*. Rio de Janeiro: Peirópolis, 2006.

BRANDEN, N. *Auto-estima no trabalho*. São Paulo: Campus, 1999.

BRITTO, F. & WEVER, L. *Empreendedores brasileiros*. São Paulo: Negócio, 2002.

BURTON, TIM. *Alice no País das Maravilhas*, 2010.

BUTLER-BOWDON, T. *50 grandes mestres da Psicologia*. São Paulo: Universo dos Livros, 2012.

BUZAN, T. *Mapas mentais e sua elaboração: um sistema definitivo de pensamento que transformará sua vida*. São Paulo: Cultrix, 2005.

CARMELLO, E. *Supere! A arte de lidar com as adversidades*. São Paulo: Gente, 2004.

CARROLL, L. *Alice no País das Maravilhas*. São Paulo: Martin Claret, 2007.

_____. *As aventuras de Alice no País das Maravilhas; Alice através do espelho e o que Alice encontrou por lá*. Tradução de Maria Luiza X. de A. Borges. Rio de Janeiro: Zahar, 2010.

_____. *Alice no País das Maravilhas*. Porto Alegre: L&PM, 2010.

_____. *Alice's adventures in wonderland*. Introduced by Chris Riddell. Londres: Penguin Books, 2008.

CHÉR, R. *O meu próprio negócio*. São Paulo: Negócio, 2002.

CIALDINI, R. B. *Influência – a psicologia da persuasão*. Lisboa: Sinais de Fogo, 2008.

CONNER, D. R. *Gerenciando na velocidade da mudança*. Rio de Janeiro: IBPI Press, 1995.

DEGEN, R. *O empreendedor: fundamentos da iniciativa empresarial*. São Paulo: McGraw-Hill, 1989.

DELORS, J. *Educação: um tesouro a descobrir*. São Paulo: Cortez, 2001.

DICIONÁRIO DE CIÊNCIAS SOCIAIS. Rio de Janeiro: Fundação Getulio Vargas, 1986.

DICIONÁRIO ELETRÔNICO HOUAISS DA LÍNGUA PORTUGUESA. Rio de Janeiro: Objetiva, 2009.

DICIONÁRIO MICHAELIS. São Paulo: Melhoramentos, 1998.

DINIZ, A. *Caminhos e escolhas*. São Paulo: Campus/Elsevier, 2004.

DOLABELA, F. *Oficina do empreendedor*. São Paulo: Cultura, 1999.

_____. *Empreendedorismo: transformando ideias em negócios*. Rio de Janeiro: Campus, 2001.

_____. *Empreendedorismo: a viagem do sonho. Como se preparar para ser um empreendedor*. Brasília: Agência de Educação para o Desenvolvimento, 2002.

_____. *Empreendedorismo corporativo*. Rio de Janeiro: Campus, 2003.

_____. *Pedagogia empreendedora*. São Paulo: Cultura, 2003.

_____ & FILION, L. J. *Boa ideia e agora? Plano de negócio, o caminho mais seguro para criar e gerenciar sua empresa*. São Paulo: Cultura, 2000.

DORNELAS, J. *Empreendedorismo: transformando ideias em negócios*. São Paulo: Campus, 2001.

DRUCKER, P. F. *Inovação e espírito empreendedor (entrepreneurship): prática e princípios*. Tradução de Carlos Malferrari. 2ª ed. São Paulo: Pioneira, 1987.

_____. *Inovação e espírito empreendedor*. São Paulo: Pioneira Thomson, 2003.

DUTRA, J. S. et al. *Gestão por competências: um modelo avançado para o gerenciamento de pessoas*. São Paulo: Gente, 2001.

EDLER, R. *Ah, se eu soubesse*. São Paulo: Negócio, 1997.

EKMAN, P. *A linguagem das emoções*. São Paulo: Leya Brasil, 2011.

FILION, L. J. *Vision et relations: clefs du succes de l'entrepreneur*. Montreal: Éditions de l'entrepreneur, 1991.

_____. "Empreendedorismo: empreendedores e proprietários-gerentes de pequenos negócios". Em *Revista de Administração da Universidade de São Paulo (RAUSP)*. São Paulo, 1999.

FLEURY, A. & FLEURY LEME, M. T. "Construindo o conceito de competência". Em *Revista de Administração Contemporânea (RAC)*, Edição Especial. Rio de Janeiro, 2001.

FONSECA FILHO, J. S. *Psicodrama da loucura: correlações entre Buber e Moreno*. São Paulo: Ágora, 1980.

FRANCO, A. "O poder nas redes sociais". Em *Escola de redes*, s/l., 2009. Disponível em http://escoladeredes.net/profiles/blogs/o-poder-nas-redes-sociais.

GARDNER, H. *Arte, mente e cérebro: uma abordagem cognitiva da criatividade*. Porto Alegre: Artes Médicas, 1999.

GATES, Bill. Comunicação apresentada em Digital Dividends Conference, Seattle, 18 de outubro de 2000.

GOLEMAN, D. *Inteligência emocional*. Rio de Janeiro: Objetiva, 1995.

GRECO, S. M. de S. S. et al. *Empreendedorismo no Brasil: 2008*. Curitiba: IBQP, 2009.

HARVARD BUSINESS REVIEW. *Empreendedorismo e estratégia*. Tradução de Fábio Fernandes. Rio de Janeiro: Campus, 2002.

HASHIMOTO, M. *Espírito empreendedor nas organizações*. São Paulo: Saraiva, 2006.

HILSDORF, C. *Atitudes vencedoras*. São Paulo: Editora Senac São Paulo, 2004.

HOFFMAN, P. *Asas da loucura: a extraordinária vida de Santos Dumont*. Rio de Janeiro: Objetiva, 2003.

IRWIN, W. *Alice no País das Maravilhas e a filosofia*. São Paulo: Madras, 2010.

KELLEY, T. & LITTMAN, J. *A arte da inovação*. São Paulo: Futura, 2001.

KOTLER, P. *Marketing para organizações que não visam lucro*. São Paulo: Atlas, 1988.

LEITE, R. de S. & BÓ, M. C. L. *Formação inicial e continuada de trabalhadores no comércio de bens, serviços e turismo*. Rio de Janeiro: Senac Nacional/Darh/CCC, 2006.

LESTIENNE, R. "A emergência, uma solução ao problema mente-cérebro?". Em *Ciência e cultura*, nº 4, vol. 65, São Paulo, 2013. Disponível em http://cienciaecultura.bvs.br/scielo.php?script=sci_arttext&pid=50009-67252013000400016&Ing=en&nrm=iso.

LUTHAR, S. S. et al. (2000) "The Construct of Resilience: a Critical Evaluation and Guidelines for Future Work". Em *Child Development*, 71 (3), s/l. 2000.

MACHADO, J. *Dicionário etimológico da língua portuguesa*. vol. 4. Lisboa: Horizonte, 1987.

MAISONNEUVE, J. *Introdução à psicossociologia*. São Paulo: Nacional/Edusp, 1977.

MARCOVITCH, J. *Pioneiros e empreendedores: a saga do desenvolvimento no Brasil*. São Paulo: Edusp, 2003.

MARTON F. "Dilemas morais: o que você faria?" Em *Superinteressante*, junho de 2008. Disponível em http://super.abril.com.br/cultura/dilemas-morais-voce-faria-447542.shtml.

MASLOW, A. *Motivation and Personality*. Nova York: Harper & Row, 1954.

MCCLELLAND, D. *A sociedade competitiva: realização e progresso social*. Rio de Janeiro: Expressão e Cultura, 1972.

MELLO, S. C. B.; LEÃO, A. L. M. S. & PAIVA Jr., F.G. "Competências empreendedoras de dirigentes de empresas brasileiras de médio e grande porte que atuam em serviços da nova economia". Em *Revista de Administração Contemporânea (RAC)*, nº 4, vol. 10, 2006.

MELO NETO, F. & FROES, C. *Empreendedorismo social: a transição para a sociedade sustentável*. Rio de Janeiro: Qualitymark, 2002.

MOREIRA, M. A. *Aprendizagem significativa*. Brasília: Editora UnB, 1999.

MORENO, J. L. *Psicodrama*. São Paulo: Cultrix, 1975.

_____. *Quem sobreviverá?* São Paulo: Daimon, 2008.

MORI, F. (org.). *Empreender: identificando, avaliando e planejando um novo negócio*. Florianópolis: Escola de Novos Empreendedores, 1998.

MUNIST, M. et al. *Manual de identificación y promoción de la resiliencia en niños y adolescentes*. Washington, DC: Organización Panamericana de la Salud, 1998.

OPPENHEIM, A. N. *Questionnaire Design and Attitude Measurement*. Nova York: Basic Books, 1966.

OSTERWALDER, A. & PIGNEUR, Y. *Business Model Generation: inovação em modelos de negócios*. Rio de Janeiro: Alta Books, 2011.

PATO-OLIVEIRA, C. & TAMAYO, A. "Os valores como preditores de atitudes e comportamentos: contribuições para um debate." Em *Linhas críticas*, 8 (14), Brasília, 2002. Disponível em http://seer.bce.unb.br/index.php/linhascriticas/article/view/6500/0.

PERRENOUD, P. *Dez novas competências para ensinar*. Porto Alegre. Artmed, 2000.

PINCHOT III, G. *Intrapreneuring: por que você não precisa deixar a empresa para tornar-se um empreendedor*. São Paulo: Harbra, 1989.

_____. *Intra-empreendedorismo na prática: um guia de inovação nos negócios*. Rio de Janeiro: Elsevier, 2004.

RELATÓRIO PARA A UNESCO da Comissão Internacional sobre Educação para o século XXI. 2ª ed. São Paulo/Brasília: Cortez/MEC/Unesco, 1999.

RIBEIRO, C. *Em torno do conceito de locus de controlo*. Lisboa: Mathesis, 2000. Disponível em http://www4.crb.ucp.pt/Biblioteca/Mathesis/Mat9/mathesis9_297.pdf.

ROCHA, M. T.; DORRESTEIJN, H. & GONTIJO, M. J. (orgs.). *Empreendedorismo em negócios sustentáveis: plano de negócio como ferramenta do desenvolvimento*. Rio de Janeiro: Peirópolis, 2005.

RODDICK, A. *Meu jeito de fazer negócio*. São Paulo: Negócio, 2002.

ROS, M. & GOUVEIA, V. *Psicologia social dos valores humanos – desenvolvimentos teóricos, metodológicos e aplicados*. São Paulo: Editora Senac São Paulo, 2006.

RUIZ-BOLÍVAR, B. et al. "Adaptación y validación de la encuesta HBDI para evaluar la dominancia cerebral: un estudio preliminar". Em *Coleciones CIEAPRO*, nº 1, 1994.

SAMPAIO, M. "Códigos culturais: podemos criar nosso genoma empreendedor". Em *Fórum de empreendedorismo*/Senac São Paulo, São Paulo, 2010.

_____. "Paixão e atitude empreendedora". Em *Fórum de empreendedorismo*/Senac São Paulo, São Paulo, 2010.

_____. "Quem quer faz. Quem não quer espera: Iniciativa e internalidade". Em *Fórum de empreendedorismo*/Senac São Paulo, São Paulo, 2010.

_____. "Caleidoscópio humano: criatividade e inovação". Em *Fórum de empreendedorismo*/Senac São Paulo, São Paulo, 2010.

_____. "Pioneiras e colonizadoras: as mulheres de nossa vida". Em *Jornal Brasil Econômico*, Rio de Janeiro, 8-3-2010.

_____. "É possível ser 1% melhor a cada dia". Em *Jornal Brasil Econômico*, Rio de Janeiro, 19-6-2012.

_____. & MASMO P. "Educação e cultura empreendedora: a preparação do corpo docente de uma instituição de ensino profissionalizante no Estado de São Paulo." 2009. Disponível em http://bibliotecadigital.icesi.edu.co/biblioteca_digital/bitstream/item/1897/1/20.pdf.

SANDEL, M. *Justiça: o que é fazer a coisa certa*. Rio de Janeiro: Civilização Brasileira, 2011.

SANTOS, J. L. *O que é cultura?* São Paulo: Brasiliense, 1989.

SCHULTZ, R. *Sabedoria e intuição: doze extraordinários inovadores contam como a intuição pode revolucionar a tomada de decisões*. São Paulo: Cultrix, 1994.

SCHULTZ, H. *Dedique-se de coração*. São Paulo: Negócio, 1999.

SCHWARTZ, S. H. *Psicologia social dos valores humanos: desenvolvimentos teóricos, metodológicos e aplicados*. São Paulo: Editora Senac São Paulo, 2006.

SEBRAE. *Manual do participante do curso Sebrae/Empretec*. Brasília: Sebrae, 2007.

SILVA, O. *Cartas a um jovem empreendedor: realize seu sonho. Vale a pena*. São Paulo: Alegro, 2005.

SIMIONATO, Monica. *Competências emocionais – o diferencial competitivo no trabalho*. Rio de Janeiro: Qualitymark, 2007.

SIMÕES, S. et al. *Administração empreendedora: teoria e prática usando estudos de caso*. Rio de Janeiro: Elsevier, 2004.

SOUZA, C. *Você é do tamanho dos seus sonhos*. São Paulo: Gente, 2003.

TAMAYO A. & PORTO. J. B. *Valores e comportamento nas organizações*. Petrópolis: Vozes, 2005.

Este livro foi composto com as fontes Scala e SF Zimmerman, impresso em papel pólen bold 90g/m² no miolo e cartão supremo 250g/m² na capa.